*Klaus Schmeh*

# DAS TROJANISCHE PFERD

Klassische Mythen erklärt

Haufe

**Bibliografische Information der deutschen Bibliothek**
Die Deutsche Bibliothek verzeichnet diese Publikation in der Deutschen Nationalbibliografie; detallierte bibliografische Daten sind im Internet über http://dnb.ddb.de abrufbar.

**ISBN 978-3-448-08055-1** **Best. Nr. 00069-0001**


Niederlassung Planegg/München
Postanschrift: Postfach, 82142 Planegg
Hausanschrift: Fraunhoferstraße 5, 82152 Planegg
Fon (089) 89517-0, Fax (089) 89517-250
E-Mail: online@haufe.de
Internet: www.haufe.de
Redaktion: Bettina Noé
Lektorat: Agentur Gorus, Engen und Berlin



**Satz + Layout:** appel media, 85445 Oberding
**Druck:** Himmer AG, 86167 Augsburg

# Inhalt

## Erfolg und Misserfolg . . . 58



## Manager-Alltag . . . 80

## Karriere

# Vorwort

„Ihre Idee ist ja ganz nett, aber wenn ich jetzt mal den Advocatus diaboli spiele ..." Beginnt ein Kollege seinen Kommentar zu einem Vorschlag von Ihnen mit diesen Worten, dann geraten Sie möglicherweise ins Schwitzen. Sie fragen sich: Was hat der Mann wohl an Ihrer Idee auszusetzen? Was hat es mit dem Advocatus diaboli auf sich? Oder ist damit etwas ganz anderes gemeint?

Keine Frage, Lateinkenntnisse wären jetzt sehr hilfreich, um zu verstehen, dass der „Advocatus diaboli" der „Anwalt des Teufels" ist. Bei dieser Redensart geht es lediglich darum, dass Ihr Gegenüber die Argumente der Gegenseite beleuchten will, um mögliche Schwachstellen Ihrer Idee zu entdecken.

Neben der lateinischen Sprache bietet vor allem die griechische Sagenwelt ein großes Reservoir an populären Redensarten. Wer hat nicht schon einmal mit „Argusaugen" gewacht, „panische Angst" verspürt oder eine „Herkulesarbeit" bewältigt.

Das Buch stellt Ihnen im Schnelldurchgang alle wichtigen Aspekte aus der Welt der Griechen und Römer vor, die Sie im Manager-Alltag kennen sollten. Mit dem Inhalt der folgenden 150 Seiten werden Sie nicht nur in der Lage sein, Ausdrücke wie „Damokles-Schwert" oder „Lichasdienst" zu verstehen, sondern Sie werden auch selbst von „Diadochen-Kriegen" und „Pyrrhus-Siegen" reden können.

Jedes der 73 Kapitel in diesem Buch behandelt auf zwei Seiten eine Episode aus der griechischen oder römischen Welt. Das wichtigste Kriterium für die Aufnahme bestand darin, dass die jeweilige Sache eine Bedeutung im heutigen Wirtschaftsleben hat. In den meisten Fällen handelt es sich daher um sprachliche Relikte, beispielsweise um Redensarten oder Sprichwörter.

Zur Auffrischung der Geschichtskenntnisse sei noch erwähnt, dass das klassische Griechenland etwa in der Zeit zwischen 800 und 100 v. Chr. existierte. Die Griechen waren zu dieser Zeit das kulturell am höchsten entwickelte Volk der Welt. Sie betrieben damals schon Wissenschaften wie Philosophie, Mathematik oder Physik. Unter Alexander dem Großen gab es im vierten vorchristlichen Jahrhundert sogar ein griechisches Weltreich, das jedoch nach seinem Tod schnell wieder zerfiel.

Im 3. Jahrhundert v. Chr. mussten sich die Griechen jedoch den Römern geschlagen geben, die ihrerseits auf dem Weg zur Weltmacht waren. Offensichtlich waren die Römer von den unterworfenen Griechen mächtig beeindruckt, denn alles Griechische hatte bei ihnen auf einmal einen hohen Stellenwert. Auch die griechische Mythologie kam bei den Römern gut an, und so verschmolzen die Götterwelten der beiden Völker zu einer Mythenwelt. Griechische Götter wie Zeus, Poseidon oder Hermes wurden mit den römischen Pendants Jupiter, Neptun und Merkur identifiziert.

Während die Griechen mit ihrer Kultur glänzten, entwickelten sich die Römer zur wichtigsten Militärmacht des Altertums. Vom 1. Jahrhundert v. Chr. bis ins 5. Jahrhundert n. Chr. beherrschten die Römer den ganzen Mittelmeerraum sowie große Teile Europas und des Nahen Ostens.

Als das Römische Reich im 5. Jahrhundert zerfiel, bedeutete dies noch längst nicht das Ende alles Römischen und Griechischen. Im Gegenteil: Noch heute sind mehrere Sprachen eng mit dem Lateinischen verwandt. Antike griechische Wissenschaftler stehen nach wie vor hoch im Kurs, das römische Rechtswesen hat seine Spuren hinterlassen. Und nicht zuletzt spielt die griechische und römische Kultur im Wirtschaftsleben eine Rolle – Sie werden es in den folgenden 73 Kapiteln erleben.

# Unternehmensführung

## 1. Herkulesaufgabe

Herkules (auch als Herakles bekannt) war schon als Kind ein Teufelskerl. Mit acht Monaten erwürgte der Sohn des Göttervaters Zeus zwei Schlangen, die dessen eifersüchtige Frau Hera eines Nachts auf ihn losgelassen hatte. Später lernte er Wagenlenken, Bogenschießen, Fechten, Faustkampf und Ringen. Auch das Singen und das Spielen auf der Leier eignete er sich an. Herkules, der in seinen jungen Jahren Alkides hieß, war zwar begabt und ehrgeizig, doch seine Nerven hatte er nicht immer im Griff. So erschlug er seinen Musiklehrer Linos mit der Leier, als dieser einmal mit ihm schimpfte.

Auch als Erwachsener war Herkules immer für einen Tobsuchtsanfall gut. Einmal geriet er sogar so sehr in Rage, dass er ohne besonderen Grund seine Frau Megara und seine drei Söhne tötete. Schon bald bereute er jedoch seine Tat und verließ seine Heimat. Durch einen Spruch des Orakels von Delphi gelangte er zu König Eurystheus, der ihm als Sühne für den Totschlag zwölf nahezu unlösbare Aufgaben aufgab. Dazu gehörte unter anderem das Töten der neunköpfigen Schlange Hydra, das Ausmisten der Ställe des Augias, die Beschafffung der goldenen Äpfel der Hesperiden sowie das Hochholen von Cerberus, dem Wachhund der Unterwelt.

Herkules nahm die Herausforderung an und zeigte, was in ihm steckte. Nach und nach löste er alle Aufgaben mit Kraft und List. Das Ausmisten der Augiasställe unternahm er, indem er zwei Flüsse durch die Stallungen leitete. Die goldenen Äpfel der Hesperiden besorgte er sich mit der Hilfe des Riesen Atlas, den er dabei übertölpelte. Auch der Weg der vielköpfigen Hydra war zu Ende, als Herkules gegen sie kämpfte. Trotz der erfolgreichen Arbeit erkannte Eurystheus zwei der Aufgaben nicht als gelöst an, weil Herkules dafür einen Lohn vereinbart oder fremde Hilfe in Anspruch genommen hatte. Dennoch hatte der antike Superheld am Ende seine Schuld gesühnt und konnte sich bei einigen Zeitgenossen rächen, die ihm zwischenzeitlich übel mitgespielt hatten.

Heute bezeichnen wir als „Herkulesaufgabe" oder „Herkulesarbeit" eine Aufgabe, deren Lösung nahezu übermenschliche Kräfte erfordert. Vermutlich fühlt sich jeder Manager, der die griechische Sagenwelt kennt, manchmal wie ein kleiner Herkules. Schließlich ist das Führen eines Unternehmens oft genug eine Tätigkeit, die nur für einen echten Helden zu bewältigen ist. An die Stelle von Ungeheuern und Fabelwesen treten dabei kaum weniger herausfordernde Kunden, Mitarbeiter und Investoren. Dass eine Herkulesarbeit ursprünglich eine Strafe darstellt und zudem ohne Lohn erbracht werden muss, wird dabei jedoch meist vergessen.

Als größte Herkulesarbeit der deutschen Wirtschaft gilt seit über zehn Jahren die Sanierung der Deutschen Bahn. Als 1994 mit Heinz Dürr der erste Vorstandsvorsitzende seinen Dienst bei der Bahn antrat, hatte dieser die Aufgabe, einen hochdefizitären, verkrusteten Staatskonzern fit für die Marktwirtschaft zu machen. Die Wirtschaftspresse sprach einhellig von einer Herkulesarbeit. An dieser biss sich über ein Jahrzehnt später auch Dürrs Nachnachfolger Hartmut Mehdorn noch die Zähne aus. Ob menschliche Kräfte ausreichen, um die Deutsche Bahn wie geplant in den nächsten Jahren an die Börse zu bringen, ist noch nicht geklärt.

## 2. Büchse der Pandora

Die Geschichte der Pandora und ihrer ominösen Büchse gehört zweifellos zu den interessantesten der griechischen Sagenwelt. Kein geringerer als Göttervater Zeus schickte die schöne und vielseitig begabte Pandora auf die Erde, wo sie den arglosen Epimetheus heiratete. Die Warnungen seines Bruders Prometheus schlug dieser in den Wind. In ihrem Gepäck trug Pandora eine Büchse, die sie auf Geheiß von Zeus auf keinen Fall öffnen durfte. Natürlich tat sie es trotzdem und löste damit prompt eine Katastrophe aus. Denn in die Büchse der Pandora hatte Zeus alles denkbare Übel gepackt, das sich nun auf die bis dahin glücklich lebende Menschheit ausbreitete. Pandoras mangelnde Disziplin ist demnach der Grund für alle Sorgen, Übel und Krankheiten in der Welt. Zeus hatte jedoch einen Grund für diese Aktion: Kurz zuvor hatte Prometheus den Göttern das Feuer gestohlen und auf die Erde gebracht – ein solcher Frevel durfte natürlich nicht ungesühnt bleiben. Die schöne Pandora diente dem Göttervater somit als Werkzeug zur Vollstreckung seiner Strafaktion.

Die Büchse der Pandora wird oft mit der Vertreibung aus dem Paradies in der Bibel verglichen. Der Pandora kommt dabei eine ähnliche Rolle zu wie Eva, die es nicht lassen kann, von der verbotenen Frucht zu essen. Dabei fällt auf, dass sich die Bibel und die griechischen Sage wenigstens in einem Punkt einig sind: Eine Frau ist an allem Schuld. Allerdings wird die Büchse der Pandora heute im Alltag und im Wirtschaftsleben zum Glück nicht als Symbol für die Schlechtigkeit der Frauenwelt verwendet. Vielmehr hat die Unumkehrbarkeit von Pandoras Tat eine sprichwörtliche Bedeutung erlangt. So mahnte schon so mancher Gewerkschafter, man dürfe die Pandora-Büchse Sonntagsarbeit erst gar nicht öffnen, und meinte damit: „Wir dürfen bezüglich der Sonntagsarbeit nicht nachgeben, weil dieses Übel sonst nicht mehr aus der Welt zu schaffen sein wird.“ In

Ihrem beruflichen Alltag sollten Sie darauf achten, dass Sie gegenüber Ihren Kunden und Mitarbeitern nicht zu viele Büchsen der Pandora öffnen, weil deren Ansprüche ansonsten ins Unermessliche steigen. Die Büchse der Pandora ist also ein sprachliches Mittel, um „Wehret den Anfängen!" zu sagen. Goethes Zauberlehrling – „Die ich rief, die Geister, die werd ich nun nicht los" – wird oft in ähnlicher Form verwendet.

Hier noch ein spitzfindiger Tipp für den Smalltalk: Die Büchse der Pandora war eigentlich keine Büchse. Jedenfalls dürfte es sich kaum um einen Behälter aus Blech gehandelt haben. Vielmehr sprechen die älteren griechischen Quellen von einem „pithos". Dies ist ein aus Keramik gefertigter Krug mit Deckel, der seinerzeit für die Aufbewahrung von Lebensmitteln verwendet wurde. Korrekterweise müsste man also vom „Krug der Pandora" reden. Und noch ein wichtiges Detail: Als Pandora ihre Büchse (bzw. ihren Krug) öffnete, blieb darin zunächst die Hoffnung zurück – diese hatte Zeus dazu gepackt, um neben dem ganzen Übel auch etwas Positives auf die Menschheit loszulassen. Als sich das Unheil verbreitet hatte, öffnete Pandora die Büchse erneut und setzte damit die Hoffnung frei. Die Geschichte der Pandora endet damit wenigstens mit einem kleinen Happy-End.

# 3. Argusaugen

Der Riese Argus hatte eine Eigenschaft, die so manchen gestressten Manager neidisch machen könnte. Im Gegensatz zu einem Normalsterblichen besaß Argus nicht etwa nur zwei Augen, sondern 100 (oder zumindest sehr viele), die über den ganzen Körper verteilt waren. Diese gestatteten dem Wesen aus der griechischen Sage nicht nur einen guten Überblick, sondern auch ständige Wachsamkeit. Da nämlich zu jeder Zeit stets nur ein Augenpaar schlief, konnte Argus seine Umgebung rund um die Uhr beobachten.

Karriere machte Argus jedoch nicht als vierundzwanzig Stunden am Tag arbeitender Manager, sondern als Wächter. Zeus' eifersüchtige Gattin Hera erteilte ihm die Aufgabe, eine Geliebte des Göttervaters namens Io zu bewachen. Diese war von Hera vorsorglich in eine Kuh verwandelt worden, was Zeus allerdings nicht störte, da er selbst die Gestalt eines Stiers annehmen konnte. Zeus schickte den Götterboten Hermes zu Argus, der diesen einlullte, indem er ihm Geschichten erzählte und Lieder auf der Flöte vorspielte. Als der Riese schließlich – entgegen seiner Natur – mit allen Augen eingeschlafen war, wurde er von Hermes getötet. Hera schenkte die Augen des Argus dem Pfau (ihrem Lieblingstier), der sie seitdem auf seinen Schwanzfedern trägt.

Noch heute sind „Argusaugen" ein bekanntes Symbol. Wer eine Sache mit Argusaugen überwacht, hält diese ständig unter Beobachtung und ist besonders wachsam. Es versteht sich von selbst, dass Sie als Manager bestimmte Dinge mit Argusaugen bewachen sollten – zum Beispiel Ihre Konkurrenz, damit Ihnen diese nicht zuvorkommt. Als Projektleiter sollten Sie mit Argusaugen darauf achten, dass Ihre Mitarbeiter die Budgets einhalten.

Neben dem Höllenhund Cerberus ist Argus die zweite griechische Sagenfigur, deren Bewacherfunktion sprichwörtlich geworden ist. Allerdings wird der hundertäugige Riese weniger Furcht erregend und weniger rabiat dargestellt als sein dreiköpfiger Kollege. Wie Cerberus ist jedoch auch Argus ein beliebter Namenspate. Detektivbüros bezeichnen sich genauso als Argus wie eine Computerfirma, die eine Systemüberwachungs-Software herstellt. Auch ein Unternehmen, das Presseauswertungen vornimmt, trägt aus nachvollziehbarem Grund den wachsamen Riesen im Namen. Dass der Original-Argus aus der griechischen Sage sich ohne große Gegenwehr überlisten ließ, sollte man in diesem Zusammenhang großzügig übersehen.

# 4. Gigantismus

Riesen gibt es viele in der griechischen Sagenwelt. Man denke nur an den Wegelagerer Prokrustes (Erfinder des Prokrustes-Betts), die einäugigen Zyklopen oder den wachsamen Argus. Dennoch ist die Größe nur bei einer mythologischen Riesenfamilie sprichwörtlich geworden: bei den Giganten. Als Gigant bzw. gigantisch gilt heute alles, was besonders groß ist, darunter natürlich auch große Unternehmen. Im Englischen steht der „giant" sogar für den Riesen schlechthin.

Bei den Giganten der griechischen Mythologie handelte es sich um eine äußerst großwüchsige Brüderschar, die von der Erde (diese wurde mit der Göttin Gaia gleichgesetzt) geboren wurde. Ein Gigant hatte die Gestalt eines Menschen, doch jedes seiner Beine ging in den Körper einer Schlange über. Wie sich die Giganten mit diesen seltsamen Extremitäten fortbewegen konnten, verschweigen uns zwar die Chronisten, doch offenbar gelang es ihnen recht gut, denn der Riesenstamm war gefürchtet.

Nachdem Zeus die Giganten-Mutter Gaia beleidigt hatte, kämpften die Giganten in einem langen Krieg (Gigantomachie) gegen die Götter auf dem Olymp. Mit dem Werfen von Felsbrocken versuchten sie, die Oberhand zu gewinnen. Gaia ließ zudem ein Kraut wachsen, das ihre Söhne unbesiegbar machen sollte. Doch Zeus sorgte dafür, dass vorübergehend weder Mond noch Sonne schienen, damit die Giganten das Gewächs in der Dunkelheit nicht finden konnten. Erst als Zeus selbst das Kraut aufgespürt hatte, durfte es wieder Tag werden. Währenddessen hatte die Gigantomachie erst einmal keinen Sieger.

Am Ende musste interessanterweise ein Sterblicher den Göttern beistehen, um den Kampf gegen die schlangenbeinigen Aufrührer zu entscheiden: Herkules. Diesem gelang es mit Unterstützung einiger der olympischen Götter nach und nach, die Gigantenbande unschädlich zu machen. Einer von ihnen wurde dabei von der Insel Sizilien begraben. Sein feuriger Atem ist seitdem in Form des Ätna zu spüren.

Auch heute noch sprechen wir auch und gerade in der Wirtschaft von einem „Kampf der Giganten“. Wenn etwa Puma mit Adidas konkurriert oder IBM mit Microsoft, dann erscheint dieser Ausdruck angebracht. Genau genommen ist diese Redewendung jedoch falsch, da in der Sage die Giganten nie gegeneinander kämpften. Es wäre daher treffender, von einem Kampf „Götter gegen Giganten“ oder einer „Gigantomachie“ zu sprechen. Schlecht wäre es jedoch, sich dabei festzulegen, welchem der beiden Gegner die Rolle der Giganten bzw. der Götter zufällt. Schließlich wissen wir, dass in der Sage letztere am Ende gewannen.

Ein äußerst prägnanter Ausdruck ist zudem „Gigantismus“ bzw. „Gigantomanie“. Wer die griechische Sage kennt, denkt dabei unweigerlich an die schlangenbeinigen Riesen, die es wagen, die Götter mit Felsbrocken zu bewerfen. Es gehört nicht viel Phantasie dazu, diesen Frevel auf Manager zu übertragen, die Ende der neunziger Jahre mit gewaltigen Fusionen und Übernahmen Weltkonzerne schmiedeten und dafür von der Öffentlichkeit der Gigantomanie (Größenwahn) bezichtigt wurden. Die griechische Sage zeigt, wie so etwas enden kann: Alle Giganten wurden entweder eingesperrt oder starben eines gewaltsamen Todes.

# 5. Pygmalion

Wenn es eine Gestalt aus der griechischen Sage gibt, die die Bezeichnung „Workaholic“ verdient hat, dann ist dies der Künstler Pygmalion. Abgesehen davon war der Zypriote ein Frauenhasser, was auf ihm mehrfach widerfahrenen Ärger mit dem weiblichen Geschlecht zurückzuführen war. Pygmalion versuchte, sein mangelndes Liebesglück zu kompensieren, indem er sich bis zur Selbstaufgabe in seine beruflichen Aktivitäten stürzte. Doch so ganz konnte er dabei wohl doch nicht von den Frauen lassen, und so schuf er – ohne es wirklich zu wollen – die Elfenbeinstatue einer weiblichen Person. Er nannte sie Galatea („die Milchweiße“). Galatea sah nicht nur täuschend echt aus, sondern war auch von wunderbarer Schönheit. Pygmalion war selbst von ihr fasziniert und behandelte seine Kreatur zunehmend wie einen echten Menschen. Mit der Zeit verliebte er sich sogar in sie. Für das Happy-End sorgte die Liebesgöttin Aphrodite, als diese die Statue in ein lebendiges Wesen verwandelte, das Pygmalion heiratete und ihm später ein Kind namens Paphos gebar.

Die Figur des Pygmalion bietet zweifellos mehrere Facetten, die in so manchem Manager der heutigen Zeit ihre Parallelen finden. So ist das Hineinsteigern in den eigenen Beruf aus enttäuschter Liebe ein durchaus aktuelles Thema. Das unbewusste Kreieren einer Traumfrau liefert ebenfalls Stoff für psychologische Analysen. Sprichwörtlich wurde Pygmalion allerdings aus einem anderen Grund. Er steht heute als Symbol für jemanden, der in sein eigenes Werk vernarrt ist. So mancher Firmenpatriarch trägt daher die Züge eines Pygmalion. Vielleicht ist dies sogar eine gute Voraussetzung, um als Unternehmer erfolgreich zu sein. Pygmalion passt in diesem Zusammenhang sogar besser ins Bild als der bekanntere Narziss, der nicht in sein Werk, sondern in sich selbst verliebt war.

In der Literatur sind dagegen andere Auslegungen der Pygmalion-Geschichte üblich. Im 19. Jahrhundert nahm sich der Komponist Franz von Suppé des Stoffs an. In seiner Operette „Die schöne Galathee“ führt die zum Leben erweckte Statue ein Eigenleben, die Pygmalion schon bald wünschen lässt, seine Kreatur würde sich wieder zurückverwandeln. In George Bernard Shaws Theaterstück „Pygmalion“ tritt der ursprüngliche Stoff vollständig in den Hintergrund, und an die Stelle der Galatea tritt ein von Anfang an realer Mensch: das Blumenmädchen Eliza Doolittle.

## 6. Geld stinkt nicht

Von den unzähligen lateinischen Sprichwörtern wirkt aus Sicht eines Managers kein anderes so weise, zeitlos und weltmännisch wie „pecunia non olet“ („Geld stinkt nicht“). Wenn die Manager-Zunft einen Wahlspruch bräuchte, dann wäre dieses Zitat vermutlich der aussichtsreichste Kandidat.

Geprägt wurde die Geld-stinkt-nicht-Weisheit vom römischen Kaiser Vespasian. Zu dessen Zeit wurden in Rom an belebten Straßen amphorenartige Pissoirs aufgestellt. Deren Inhalt war keineswegs überflüssiger Abfall, denn Urin war damals ein wichtiger Rohstoff, der für das Gerben von Leder sowie als Reinigungsmittel eingesetzt wurde. Da Vespasian ständig nach neuen Einnahmequellen für die klamme Staatskasse suchte, kam er auf die Idee, für die Benutzung der Amphorentoiletten eine Gebühr zu erheben. Die römischen Passanten sollten also dafür bezahlen, dass sie einen wichtigen Rohstoff lieferten – für den Staat ein doppeltes Geschäft. Als Vespasian von seinem Sohn auf diese seltsame Praxis angesprochen wurde, nahm er der Überlieferung nach eine Münze, roch daran und sagte: „Non olet“ („Sie stinkt nicht“). Später ergänzten die Chronisten diesen Satz zu „pecunia non olet“.

Vespasian lieferte mit seinem geflügelten Wort eine ideale Vorlage für so manchen politisch inkorrekten Manager. Egal, ob sie ihr Geld nun mit dubiosen Rüstungsgeschäften verdienen oder korrupte Diktatoren zu den Geschäftspartnern zählen, es gibt zumindest eine lateinische Entschuldigung für das Tun. Und da Geld ja tatsächlich nicht stinkt, lässt sich oftmals gar nicht zurückverfolgen, aus welcher Kasse die betreffen-den Beträge eigentlich stammen. Ohnehin hat das Geld-stinkt-nicht-Zitat ein deutlich höheres Niveau als das noch eine Stufe zynischere Motto „mundus vult decipi“ („die Welt will betrogen werden“), das an anderer Stelle in diesem Buch vorgestellt wird.

Wer – wie etwa die Firma Dixi oder die Autobahnraststätten unter dem Namen Sanifair – sein Geld mit dem Bereitstellen von WC-Anlagen verdient, kann sich sogar als legitimer Nachfolger von Kaiser Vespasian betrachten. Übrigens handelte es sich hierbei damals wie heute um eine durchaus ernste Angelegenheit – schließlich mietet auch das Militär oftmals Toiletten von privaten Anbietern für den Einsatz in Krisengebieten. Da sich aus der Anzahl der WC-Kabinen Rückschlüsse auf die Personalstärke der jeweiligen Truppe ziehen lassen, geht es dabei um echte Staatsgeheimnisse.

„Pecunia non olet" ist nebenbei auch der Titel eines Gesellschaftsspiels, in dem zwei bis sechs Spieler öffentliche Latrinen im alten Rom betreiben und versuchen, mit diesen möglichst viele Sesterzen zu erwirtschaften. Großzügige Senatoren sind dabei als Kunden besonders willkommen, während mittellose Sklaven, die sich womöglich noch vordrängeln, nur das Geschäft verderben. Der Titel „Spiel des Jahres" ist bisher allerdings noch nicht an „Pecunia non olet" vergeben worden. Dafür hat dieser Satz an anderer Stelle bis heute überlebt: In Paris heißen die öffentlichen Toiletten noch heute „Vespasienne".

# 7. Mit Fortuna im Bunde

Wenn Sie mit der Führung eines Unternehmens Erfolg haben wollen, dann sollten Sie mit einer Dame besonders im Bunde sein: Fortuna. Bekanntlich handelt es sich bei dieser um eine Glücks- und Schicksalsgöttin, und ohne ein Quäntchen Glück geht nun einmal nichts in der Wirtschaft.

Ihr lateinischer Name kennzeichnet Fortuna als römische Göttin. Historiker vermuten, dass sie im römischen Reich bereits vor der Eroberung Griechenlands sehr populär war, später jedoch mit der griechischen Göttin Tyche verschmolz, die eine ähnliche Funktion hatte. Fortuna wird in den überlieferten Quellen als launische Diva dargestellt, die Glück und Unglück willkürlich und ohne Ansehen der Person an die Menschheit verteilte. Ihre Gaben entnahm sie dem so genannten Füllhorn, einem mit Blumen und Früchten gefüllten Korb. Ursprünglich galt Fortuna auch als Fruchtbarkeitsgöttin, doch im Laufe der Zeit „spezialisierte" sie sich auf Glücks- und Schicksalsfragen. In dieser Funktion diente Fortuna auch als Orakelgöttin, die die Menschen zur Zukunft befragten. Oftmals geschah dies durch das Ziehen von Losen, die anschließend von Priestern gedeutet wurden.

Heute glaubt sicherlich niemand mehr an eine Schicksalsgöttin, die Glück und Unglück an die Menschen verteilt. Dafür ist Fortuna als Redewendung nach wie vor präsent. Dies gilt vor allem für den Sport. Wenn etwa die deutsche Fußball-Nationalmannschaft einmal mit einer mäßigen Leistung einen Erfolg herbeistolpert, muss sie sich vorwerfen lassen, „mit Fortuna im Bunde" gewesen zu sein. Manche Fußballvereine wollten Fortunas Gunst offensichtlich erzwingen und nannten sich deshalb Fortuna Düsseldorf oder Fortuna Köln.

Auch in der Wirtschaft ist Fortuna aktiv. So lässt sich beispielsweise kaum bestreiten, dass Bill Gates, der reichste Mann der Welt, mit der Glücksgöttin im Bunde war, als sein Kleinunternehmen Microsoft im Jahr 1980 den Auftrag zur Entwicklung des Betriebssystems MS-DOS erhielt. Der Gates-Firma wurden reichlich Früchte aus dem Füllhorn zuteil, und so entwickelte sich das Unternehmen zum Milliardenkonzern. Hätte dagegen der übermächtige Auftraggeber IBM Fortuna auf seiner Seite gehabt, dann hätten die verantwortlichen Manager auf eine zusätzliche Klausel im MS-DOS-Vertrag bestanden. Der anschließende Aufstieg Microsofts hätte unter diesen Umständen vermutlich nie stattgefunden.

# 8. Hybris

„Hochmut kommt vor dem Fall“, lautet ein bekanntes Sprichwort, das auch in der Wirtschaft oft genug seine Anwendung findet. Mithilfe der griechischen Mythologie können Sie die Botschaft dieses Satzes auch anders an den Mann bringen. Denn in der griechischen Kultur und Sagenwelt gab es einen bis heute gebräuchlichen Ausdruck, der sich mit „Hochmut“ übersetzen lässt: Hybris. Was genau unter diesem Begriff und davon abgeleiteten Wörtern zu verstehen ist, kommt auf den Zusammenhang an und ist leider etwas verwirrend.

Zunächst einmal ist Hybris der Name einer Nymphe. Die Nymphen waren eine Gruppe nicht ganz so wichtiger Göttinnen, die meist mit irgendwelchen Naturphänomenen in Verbindung gebracht wurden. Die bekannteste von ihnen hieß Echo. Sie wurde von Zeus' Gattin Hera der Sprache beraubt und konnte von da an nur noch wiederholen, was andere ihr zuriefen.

Davon unabhängig war „Hybris“ im Alten Griechenland eine Bezeichnung für ein unangemessenes, überhebliches Verhalten gegenüber einem unterlegenen Gegner. In der von Edelmut geprägten Gesinnung vieler Griechen galt ein solches Gebaren als verwerflich. In Athen war Hybris sogar ein strafbares Vergehen. Das Verprügeln eines Menschen wog teilweise weniger schwer, als ein anschließendes Verspotten des Opfers.

Mit der Zeit wurde die Bedeutung von „Hybris“ etwas weiter gefasst. Seitdem wird dieser Begriff im Sinn von „Hochmut“ oder „Überheblichkeit“ verwendet. Schon im Alten Griechenland gab es diese Bedeutung, wobei man vor allem ein respektloses Verhalten gegenüber den Göttern so bezeichnete. In dieser Form zieht sich die Hybris wie ein roter Faden durch die gesamte griechische Mythologie. Deren Helden – von Sisyphus über Tantalus bis Odysseus – zeigen immer wieder Anfälle von

Hybris und setzen sich über den Willen der Götter hinweg. Diese lassen sich einen solchen Frevel natürlich nicht bieten und rächen sich beispielsweise mit Sisyphus-Arbeiten oder Tantalus-Qualen.

Ihren Bezug zu den Göttern hat die Hybris heute weitgehend verloren. Daher ist dieses Wort auch für einen Manager vielseitig verwendbar. In der Unternehmensführung sollten Sie am besten auf Hybris verzichten, denn Hochmut kommt schließlich auch in der Wirtschaft vor dem Fall. In der Fachpresse wurde die Hybris unter anderem schon bemüht, um die Haltung der USA gegenüber dem Rest der Welt zu beschreiben oder um vermeintlich größenwahnsinnige Unternehmenslenker zu geißeln. Kernkraft-Gegner sehen im Verhalten der Atomlobby eine Hybris und befürchten, dass eines Tages eine Strafe der Götter in Form eines GAU anstehen könnte.

Interessanterweise hat die Hybris noch an ganz anderer Stelle ihre sprachliche Spuren hinterlassen: in dem Adjektiv „hybrid“. Ursprünglich war damit ein aus Übermut entstandenes (also uneheliches) Kind gemeint. Diese negative Assoziation hat „hybrid“ inzwischen jedoch verloren. Stattdessen bezeichnet man heute damit eine Sache, die auf eine andere aufgesetzt ist (also ein uneheliches Kind im übertragenen Sinn) oder schlicht ein zusammengesetztes Objekt. Ist es nicht immer wieder erstaunlich, wie sich die Bedeutung eines Worts im Laufe der Zeit ändern kann?

# 9. Ariadnefaden

In der griechischen Sage ist einiges möglich – sogar die Kreuzung eines Menschen mit einem Rind. So schaffte es Pasiphaë, die Frau des Kreter-Königs Minos, sich in einen Stier zu verlieben, um anschließend ein Wesen zu gebären, das einen Stierkopf auf dem Körper eines Menschen trug. Dessen Name war Minotaurus. Das biologische Wunder hatte jedoch entschieden seine Nachteile, denn Minotaurus war ein Ungeheurer und verspeiste mit Vorliebe Menschen. Um Schaden abzuwenden ließ Minos den geschickten Handwerker Dädalus – dies war der Vater von Ikarus – ein Labyrinth bauen, in dessen Mitte Minotaurus eingesperrt wurde.

Da die Kreter den Minotaurus nicht mit Menschen aus dem eigenen Volk füttern wollten, zettelten sie einen Krieg gegen die Athener an. Diese Auseinandersetzung zog sich über Jahre hin, und erst als Zeus, der Vater des Minos, eine Seuche über den Kriegsgegner kommen ließ, gewannen die Kreter die Oberhand. Nun mussten die bedauernswerten Athener jedes Jahr sieben Jünglinge und sieben Jungfrauen nach Kreta schicken, damit diese an Minotaurus verfüttert werden konnten.

In einer solchen Situation tritt in der griechischen Sage meist ein Held auf den Plan, und in diesem Fall hieß dieser Theseus. Dieser ließ sich als vermeintliches Minotaurus-Futter nach Kreta bringen und machte sich daran, den berüchtigten Menschenstier unschädlich zu machen. Minos ließ ihn gewähren, da er keine große Erfolgschance sah. Bevor Theseus das Labyrinth betrat, erhielt er von der kretischen Prinzessin Ariadne einen Faden – den berühmten Ariadnefaden. Diesen band er am Eingang des Labyrinths fest. Anschließend gelang es Theseus, Minotaurus im Gewirr der Gänge ausfindig zu machen und ihn zu töten. Danach fand er mit Hilfe des Ariadnefadens wieder zurück zum Ausgangspunkt.

Heute bezeichnet man als „Ariadnefaden“ ein Hilfsmittel, das dazu dient, in einer komplizierten Situation den Überblick zu bewahren. Manchmal haben Broschüren (z. B. Messeführer) einen daran angelehnten Titel. Teilweise ist mit dem berühmten Faden auch ganz allgemein ein Werkzeug zur Lösung eines schwierigen Problems gemeint. In diesem übertragenen Sinn lässt sich der Ariadnefaden auch in der Wirtschaft einsetzen. Wenn Sie also das nächste Mal ein wirkungsvolles Mittel gefunden haben, um aus einer vertrackten Lage zu kommen, können Sie Ihren Kollegen verkünden: „Ich glaube, ich habe den Ariadnefaden gefunden.“

# 10. Gordischer Knoten

Manchmal haben scheinbar schwierige Probleme eine einfache Lösung. So zum Beispiel im Jahr 333 v. Chr., als am Hof des verstorbenen phrygischen Königs Gordios ein Ochsenkarren aufgestellt war, an dem die Götter einen kunstvoll verschlungenen Knoten angebracht hatten. Ein Orakelspruch besagte, dass derjenige, der den Knoten zu lösen vermochte, der neue Herrscher von Kleinasien werden sollte. Nachdem sich viele starke und weise Männer vergeblich an der verzwickten Aufgabe versucht hatten, war es schließlich Alexander der Große, der eine überraschend einfache Lösung fand. Er nahm sein Schwert und schlug den Knoten durch. Tatsächlich wurde Alexander danach König von Kleinasien und obendrein zu einem der bedeutendsten Herrscher der Antike. Sein in wenigen Jahrzehnten erobertes Imperium umfasste am Ende nahezu die gesamte damals bekannte Welt und begründete die Ära des Hellenismus. Es ging als eines von drei antiken Weltreichen in die Geschichte ein.

Natürlich ist die Erzählung um den gordischen Knoten nur eine Legende. Vermutlich soll sie die Herrschaft Alexanders legitimieren, der aus dem wenig bedeutenden Makedonien stammte und für viele Griechen kaum akzeptabel gewesen sein dürfte. Unabhängig davon ist die Bezeichnung „Gordischer Knoten“ bis heute als geflügeltes Wort erhalten geblieben. Wer ein schwieriges Problem auf überraschend einfache Weise löst, kann sich rühmen, einen solchen zerschlagen zu haben.

In der Politik gilt beispielsweise seit einigen Jahren der deutsche Föderalismus als Gordischer Knoten. Zu viele Bundesländer, ungünstig aufgeteilte Kompetenzen und zu viel Zwang zum Konsens wirken längst wie ein nicht mehr entwirrbares Seil. Leider ist es bisher noch nicht gelungen, diesen Knoten zu zerschlagen.

Als Metapher ist der Gordische Knoten eng mit dem Ariadnefaden verwandt. Letzterer steht für ein hilfreiches Werkzeug, während das Zerschlagen des Gordischen Knotens eine hilfreiche Idee symbolisiert. Als Redewendung für Manager ist der Gordische Knoten allemal äußerst nützlich. Wenn Ihnen beispielsweise das sprichwörtliche „Ei des Kolumbus“ (das übrigens nicht wirklich auf Kolumbus zurückgeht) zu banal oder unpassend erscheint, dann sollten Sie den Gordischen Knoten verbal einsetzen. An komplizierten Problemen, die einer Zerschlagung bedürfen, wird es in Ihrem Alltag vermutlich nicht mangeln.

# 11. Mundus vult decipi

So manch einem Manager wird das folgende lateinische Sprichwort nicht unsympathisch sein: „Mundus vult decipi, ergo decipiatur". Zu Deutsch: „Die Welt will betrogen werden, also sei sie betrogen." Oftmals kommt auch die verkürzte Form „mundus vult decipi" zum Einsatz.

Der große Vorteil von „mundus vult decipi" für einen Manager ist, dass sich damit so ziemlich jedes unkorrekte Verhalten in der Unternehmensführung mit ein paar gebildeten Worten rechtfertigen lässt. Wozu seriös mit Kunden und Mitarbeitern umgehen, wo die Welt doch betrogen werden will? So gesehen ist dieses Zitat ein hübsch formuliertes Eingeständnis, dass derjenige, der es ausspricht, ein rücksichtsloser Egoist ist. Dies dürfte auch der Grund sein, warum sich bisher kein bekannter Manager oder Politiker das Motto „mundus vult decipi" zu eigen gemacht hat. Daher sollten auch Sie damit rechnen, dass Ihre Mitmenschen derart zynische Worte nicht akzeptieren.

„Mundus vult decipi, ergo decipiatur" ist scheinbar ein Zitat, das wieder einmal zeigt, dass die Alten Römer mit beiden Beinen im Leben standen. Allerdings nur scheinbar, denn in Wirklichkeit handelt es sich dabei um ein Sprichwort, das erst gegen Ende des Mittelalters geprägt wurde. Interessanterweise kann die katholische Kirche einen großen Anteil an der Entstehung für sich verbuchen. Die kurze Version („mundus vult decipi") soll laut einem Schriftstück aus dem Jahr 1533 von einem Mönch stammen. Für die vollständige Version zeichnet möglicherweise sogar ein katholischer Oberhirte verantwortlich: Papst Paul IV. soll diesen Spruch (vor Beginn seiner Amtszeit) verwendet haben. Zur Ehrenrettung der Kirche muss jedoch gesagt werden, dass die besagten Kleriker „mundus vult decipi" vermutlich nicht als Lebensmotto, sondern als ironisches Bonmot verwendeten – so wie es heute noch der Fall ist.

Ein schönes Beispiel für die Verwendung des politisch inkorrekten Zitats lieferte die Rhein-Zeitung während der Fußball-WM 2006. Sie schrieb: „Mundus vult decipi – Die Welt will betrogen werden, weiß der Gebildete. Zumindest geben wir uns alle nur zu gerne der schönen Illusionen hin. So dem Glauben daran, dass unsere millionenschweren kickenden Jungstars am heutigen Nachmittag tatsächlich, wie einst Sepp Herberger meinte, elf Freunde sind, die ihr Bestes geben – nicht für sich und ihre Karriere, sondern für alle die, die hinter ihnen stehen, die sich begeistern und freuen können, wenn Deutschland gewinnt."

Wenn es um den Fußball und die nationale Identität geht, dann will die Nation vielleicht tatsächlich betrogen werden. Ob gleiches auch für die Wirtschaft gilt, ist jedoch eine andere Frage, denn beim Geld hört der Spaß bekanntlich auf. Manager von Firmen wie Worldcom, Enron oder Flowtex missachteten dies und handelten nach dem Motto „mundus vult decipi". Es ist ihnen nicht gut bekommen.

# 12. Trojanisches Pferd

Es gibt wohl kein anderes Motiv aus der griechischen Mythologie, das heute noch so präsent ist wie das Trojanische Pferd. Die Geschichte ist bekannt: Die Einwohner der Stadt Troja – diese lag an der Mittelmeerküste der heutigen Türkei – hatten ihrem jungen Prinzen Paris und dessen Geliebter Helena Unterschlupf gewährt. Damit zogen sie sich den Zorn von Helenas Gatten Menelaos zu, dem zukünftigen König von Sparta. Menelaos konnte seine griechischen Nachbarn für einen Krieg gegen die Trojaner gewinnen, und so segelte eine Streitmacht von Griechenland über das östliche Mittelmeer in Richtung der gut befestigten Stadt.

Obwohl die Griechen deutlich in der Überzahl waren, wurde es nichts mit einem schnellen Sieg über Troja. Stattdessen belagerten die Griechen die Stadt über neun Jahre lang erfolglos, bevor ihnen der Seher Kalchas schließlich riet, es mit einer List zu versuchen. Odysseus, einer der größten Helden im Lager der Griechen, kam daraufhin auf die Idee, ein großes Holzpferd zu bauen, in dessen Innerem sich griechische Soldaten verstecken konnten. Als das hölzerne Tier fertig war, täuschte die griechische Armee ihren Abzug vor und ließ das Pferd mit einigen darin verborgenen Elite-Kriegern zurück.

Als die Trojaner das Pferd erblickten, hielten sie es für ein Abschiedsgeschenk der Belagerer an den Meeresgott Poseidon. Trotz der Warnungen der Seherin Kassandra und des Priesters Laokoon holten sie das Holztier in die Stadt und stellten es als Siegestrophäe vor den Tempel der Athene. In der Nacht kletterten jedoch die versteckten griechischen Soldaten aus dem Pferd und öffneten ihren inzwischen zurückgekehrten Kameraden das Stadttor. Noch bevor die Trojaner wussten, was gespielt wurde, war die griechische Armee in die Stadt eingedrungen und hatte die Einwohner überwältigt.

Sieht man einmal davon ab, dass das Trojanische Pferd eine grausame Kriegswaffe war, dann ist kaum zu bestreiten, dass sich die Griechen – wenn auch nur in der Sage – eine hervorragende List ausgedacht hatten. Die beiden Werbe-Gurus Holger Jung und Jean-Remy von Matt bezeichnen das Trojanische Pferd heute sogar als „die effizienteste kreative Idee aller Zeiten" und fahren fort: „Gute Werbung ist wie das Trojanische Pferd. Sie hat ein attraktives Äußeres, kommt als Geschenk daher und erfreut die Herzen. Doch im Kern ist sie offensiv und auf ein Ziel gerichtet, das sie gradlinig und konsequent verfolgt."

In unsere Sprache ist das Trojanische Pferd jedoch nicht als Inbegriff der Kreativität eingegangen, sondern als Symbol für ein gelungenes Täuschungsmanöver. Als Manager sind Sie geradezu gezwungen, regelmäßig Trojanische Pferde vor Ihren Karren zu spannen, denn ohne die eine oder andere List sind Kunden und Mitarbeiter oft nicht zufrieden zu stellen.

In der Computer-Branche ist das Trojanische Pferd (meist in der Form „Trojaner") sogar zu einem Fachbegriff geworden. Man bezeichnet damit ein schädliches Computer-Programm, das in einer harmlosen oder nützlichen Software versteckt ist. Manche Ideen sind eben so gut, dass sie in einem antiken Krieg und in einem modernen Computer gleichermaßen funktionieren.

# 13. Danaer-Geschenk

Das bekannteste Geschenk der griechischen Mythologie ist zweifellos das im vorhergehenden Kapitel erwähnte Trojanische Pferd. Wie man weiß, brachte diese scheinbar großzügige Gabe der Griechen den Trojanern kein Glück, sondern besiegelte deren Niederlage gegen die Belagerer. Dabei hätten es die Trojaner besser wissen können: Neben Kassandra, der generell niemand glaubte, hatte auch der Priester Laokoon eine böse Vorahnung, als die Trojaner das Holzpferd erblickten. Laokoon schleuderte sogar seine Lanze auf das hölzerne Tier und sprach: „Ich fürchte die Danaer, auch wenn sie Geschenke bringen." Bekannt ist dieser Ausspruch heute vor allem in der lateinischen Übersetzung: „Timeo Danaos et dona ferentes." „Danaer" war ein von Homer häufig verwendeter Beiname der Griechen.

Laokoons Worte fand bei den Trojanern jedoch kein Gehör. Nach fast einem Jahrzehnt des Kriegs glaubten diese offenbar lieber das, was sie glauben wollten, und so nahmen sie das Geschenk an. Laokoon wurde, noch während er seine Warnung aussprach, mitsamt seinen beiden Söhnen von Schlangen ergriffen und ins Meer gezerrt, wo alle drei starben. Die Trojaner werteten diesen Vorfall als Zeichen der Götter und ließen sich nun erst recht nicht den Spaß an ihrem Holzpferd verderben. In der darauf folgenden Nacht erhielten sie die Quittung dafür.

Heute bezeichnen wir als „Danaer-Geschenk" eine Gabe, die dem Empfänger Unheil bringt. Da das originale Danaer-Geschenk mit dem Trojanischen Pferd identisch ist, haben wir hier den seltenen Fall, dass ein Objekt aus einer Sage in zwei unterschiedlichen Formen eine sprichwörtliche Bedeutung erlangt hat. Während beim Trojanischen Pferd stets die List im Vordergrund steht, sind es beim Danaer-Geschenk die unheilvollen Folgen, die betont werden. Ein nahezu bedeutungsgleicher Ausdruck ist „süßes Gift".

Auch in der Wirtschaft werden Danaer-Geschenke verteilt. Das beste Beispiel sind zweifellos die Subventionen, die der deutsche Staat jährlich in dreistelliger Milliardenhöhe ausschüttet. Die Landwirtschaft, der Kohlebergbau und die Baubranche sind die wichtigsten Branchen, die davon profitieren. Unbestritten ist es eine schöne Sache, vom Staat derart beschenkt zu werden. Die ständig steigende Staatsverschuldung und das Fehlen entsprechender Mittel an anderer Stelle, machen aus den Subventionen jedoch ein Danaer-Geschenk.

# 14. Mäzen

Der Unternehmer Klaus Steilmann ist sowohl Wirtschaftsinteressierten als auch Fußballfans ein Begriff. Steilmann baute ein nach ihm benanntes Textilunternehmen auf, das heute weltweit etwa 10.000 Mitarbeiter beschäftigt und dreistellige Millionenumsätze erwirtschaftet. Der gebürtige Mecklenburger ist aber auch als langjähriger Förderer des Fußballvereins SG Wattenscheid 09 bekannt, der von 1990 bis 1994 in der Bundesliga spielte. Im Laufe der Jahre stellte Steilmann dem Verein mehrere Dutzend Millionen Euro zur Verfügung, ohne dafür eine wirtschaftlich angemessene Gegenleistung zu erwarten. Einen Menschen, der auf diese Weise ohne finanzielle Hintergedanken Sport, Kunst oder Wissenschaft unterstützt, bezeichnet man gemeinhin als „Mäzen“. Ein solcher ist nicht mit einem Sponsor zu verwechseln, denn dieser erwartet für sein Engagement stets einen Gegenwert in Form von Werbung. Unter den zahlreichen Mäzenen Deutschlands ist Klaus Steilmann immer noch der bekannteste, obwohl er seine Unterstützung inzwischen stark zurückgefahren hat.

Vermutlich wissen die meisten Mäzene selbst nicht, dass ihre Tätigkeit nach einem Bürger des Alten Rom benannt ist: Gaius Cilnius Maecenas (70-8 v. Chr.). Dieser war ein Berater des Kaisers Augustus und versuchte sich mit geringem Erfolg als Poet. Bleibenden Ruhm erwarb sich Maecenas dagegen durch seine Förderung junger Dichter, von denen vor allem Horaz und Vergil bis heute bekannt sind. Maecenas' Engagement fand offenbar so viel Anklang, dass wir bis heute von „Mäzenen“ und dem „Mäzenatentum“ reden.

Zwei Jahrtausende nach Maecenas haben sich die Schwerpunkte des Mäzenatentums deutlich verschoben. Ziel der selbstlosen Unterstützung ist heute vornehmlich der Sport. Neben dem besagten Klaus Steilmann wurden hierzulande auch Jean Löring (Fortuna Köln) und Helmut Spikker (LR Ahlen) als Fußball-Mäzene bekannt. Alle drei sind jedoch inzwischen nicht mehr oder nur noch eingeschränkt aktiv. Dafür ist in den letzten Jahren ein neuer Wohltäter auf den Plan getreten: Dietmar Hopp, der Mitgründer der Software-Schmiede SAP, griff für den TSG Hoffenheim in seine Privatschatulle und führte den Dorfverein aus der Kreisklasse bis in die zweite Bundesliga (und künftig vielleicht sogar noch weiter).

Über die Aktivitäten deutscher Sport-Mäzene kann man in einigen anderen Ländern nur müde lächeln. Beim FC Chelsea London engagiert sich beispielsweise der russische Milliardär Roman Abramowitsch, der bereits einen dreistelligen Millionenbetrag in den Verein gepumpt hat. Dies reichte, um den Londoner Klub in der Weltspitze zu etablieren. In Italien sind gleich mehrere Industriellen-Dynastien als Mäzene von Spitzenklubs aktiv. Beispielsweise unterstützt die Agnelli-Familie (Fiat) seit 1923 den Traditionsverein Juventus Turin und ist obendrein dessen Mehrheitseigentümer.

Angesichts solcher Multi-Millionen-Engagements wird oft übersehen, dass es nach wie vor auch außerhalb des Sports ein florierendes Mäzenatentum gibt. Als großzügiger Förderer der Kunst machte sich beispielsweise der Verleger und Journalist Henri Nannen einen Namen. Hasso Plattner und Klaus Tschira, zwei weitere SAP-Gründer, haben sich ebenfalls dem Mäzenatentum verschrieben: Sie zählen zu den wichtigsten privaten Wissenschafts-Finanzierern in Deutschland.

# Personalführung

## 15. Daumen hoch, Daumen runter

Die Alten Römer haben uns nicht nur zahlreiche sprachliche Relikte hinterlassen, sondern auch eine weit verbreitete Geste. Diese kennt man beispielsweise aus Fernsehzeitschriften: „Daumen hoch" heißt gut, und „Daumen runter" heißt schlecht (teilweise kann zusätzlich ein waagerechter Daumen zum Einsatz kommen). Diese Symbolik geht – jedenfalls im Prinzip – auf die Gladiatorenkämpfe im Alten Rom zurück. Dort urteilten die Zuschauer mit ihrem Daumen darüber, ob ein unterlegener Kämpfer sein Leben lassen musste.

Gladiatorenkämpfe waren bei den Römern eine beliebte Volksbelustigung. Sie spielten während der gesamten Geschichte des Römischen Reichs eine wichtige Rolle und dienten den Herrschenden oft als Mittel zur Besänftigung der ansonsten unzufriedenen Volksmassen („Brot und Spiele"). In der Anfangszeit wurden einfache Kämpfe Mann gegen Mann gezeigt, doch mit der Zeit nahmen die Veranstalter auch aufwendigere Duelle, Tierhetzen und sogar inszenierte Seeschlachten ins Programm. Stets ging es dabei um Leben und Tod. Während zunächst nur Sklaven, Kriegsgefangene und Straftäter aufeinander losgelassen wurden, meldeten sich später sogar römische Bürger freiwillig. Wer sich längere Zeit erfolgreich als Gladiator betätigte, hatte die Chance, sich freizukaufen. Bei Mädchen und Frauen hatten tapfere Kämpfer ein hohes Ansehen, das bis zum Starkult ging. Neben einer guten Ausbildung wurde einem Gladiator erstklassige Verpflegung und medizinische Versorgung zuteil.

Der berühmte Daumen kam immer dann ins Spiel, wenn ein Gladiator einen Kampf aufgeben musste. Dann hatte der Herr der Veranstaltung (etwa der Kaiser) zu entscheiden, ob der Unterlegene sich niedermetzeln lassen musste. Meist übergab der Befragte die Entscheidung an das Volk, das daraufhin sein Daumenurteil abgab. Dieses hing davon ab, wie sich der Verlierer im Kampf geschlagen hatte und wie seine früheren Auftritte verlaufen waren. Beliebte Gladiatoren konnten daher durchaus mehrere Niederlagen lebend überstehen.

Obwohl wir heute wissen, dass die Zuschauer der Gladiatorenkämpfe tatsächlich ihren Daumen zur Abstimmung nutzten, ist unklar, wie genau sie das taten. Die besagte Zeichensprache mit Daumen hoch und runter ist nur eine durch Hollywood-Filme populär gewordene Vermutung. Es ist genauso möglich, dass das Publikum sein Todesurteil mit dem Daumen an der Kehle anzeigte oder dass „Daumen hoch" als Aufforderung zum Töten galt.

Unabhängig davon hat sich die Hollywood-Version der Daumensymbolik auch im Manager-Alltag durchgesetzt. Wer zum Beispiel seinem Kollegen eine Einschätzung geben will, während er mit jemand anderem telefoniert, macht dies oft mit dem Daumen. Auch als Zeichen für „ja" oder „nein" ist die Daumensprache recht nützlich. In der Personalführung sollten Sie diese Symbolsprache dagegen lieber nicht einsetzen – es sei denn, Sie wollen sich gegenüber Ihren Mitarbeitern als Herr über Leben und Tod aufspielen. Gut möglich, dass diese auf eine solche Geste mit einem (ebenfalls historisch umstrittenen) Gladiatoren-Spruch reagieren: „Morituri te salutant" („Die Todgeweihten grüßen dich").

# 16. Römisches Recht

Wer im Römischen Reich das Bürgerrecht besaß, kam in den Genuss eines für damalige Verhältnisse äußerst fortschrittlichen Justizwesens. Es gab geschriebene Gesetze, festgelegte Strafen und ein modernes Vertragsrecht. Obendrein betrieben die Römer eine recht aktive Rechtswissenschaft, die immer wieder neue juristische Ideen hervorbrachte. Die hohe Qualität des römischen Justizwesens zeigt sich nicht zuletzt daran, dass noch heute Ideen aus der römischen Kaiserzeit die Grundlage für einige unserer Gesetze bilden. Weil dem so ist, werfen Juristen auch heute noch oft und gerne mit lateinischen Zitaten um sich, wenn sie auf rechtliche Prinzipien hinweisen wollen.

Was Juristen können, können Sie als Manager natürlich auch. Deshalb sollten sie unbedingt die wichtigsten Ausdrücke des Juristenlateins parat haben, wenn Sie bei ihren Kunden und Geschäftspartnern Eindruck schinden wollen. Am bedeutendsten ist zweifellos der Spruch „pacta sunt servanda" („Verträge sind zu halten"). Er ist vor allem als Mahnung angebracht, wenn sich Ihre Mitmenschen wieder einmal nicht an die Absprachen halten. Andere lateinische Rechtsgrundsätze sind besonders in der Personalführung nützlich, wo Sie als Vorgesetzter oft genug einen Streit schlichten (d.h. Richter spielen) müssen. In so einem Fall gilt stets: „Audiatur et altera pars" („auch die andere Seite ist anzuhören"). Sie sollten also nie ein Urteil über einen Mitarbeiter fällen, ohne dessen Version des jeweiligen Vorfalls gehört zu haben. Ebenfalls hilfreich ist „quod non est in actis non est in mundo" („was nicht in den Akten ist, ist nicht in der Welt"). Dieser Spruch ist bestens geeignet, um Ihre Mitarbeiter aufzufordern, ihre Aktivitäten ordentlich zu dokumentieren und bei jeder Besprechung ein Protokoll anzufertigen.

Zu den bekanntesten römischen Rechtsgrundsätzen gehört „in dubio pro reo“ („im Zweifelsfalle für den Angeklagten“). Eine Bestrafung auf Verdacht sollten Sie sich als Führungskraft daher lieber verkneifen. Ist die Schuld dagegen bewiesen und wird ein Mitarbeiter deshalb sanktioniert, dann bitteschön nur nach zuvor festgelegten Grundsätzen – ansonsten verletzen Sie das Prinzip „nulla poena sine lege“ („keine Strafe ohne Gesetz“). Auf Grund dieses Grundsatzes wurden beispielsweise die ersten Stromdiebe vom damaligen Reichsgericht freigesprochen – es gab schlichtweg kein Gesetz, nach dem das Abzapfen von Strom verboten war. Auch mit bestechlichen Fußball-Schiedsrichtern und Doping-Sündern taten sich Gerichte schon schwer, weil sich keine Rechtsvorschrift fand, die ein solches Treiben verbat.

Wenn es dagegen ein passendes Gesetz gibt und daher eine Strafe fällig ist, dann bitte nur einmal pro Vergehen. „Ne bis in idem“ („nicht zweimal für dasselbe“) heißt der zugehörige Grundsatz. Andererseits müssen Sie sich als Vorgesetzter natürlich nicht mit jeder Bagatelle auseinandersetzen. „Minima non curat praetor“, sagt hierzu der Lateiner. Das heißt: „Um Kleinigkeiten kümmert sich das Gericht nicht.“ Sie als Manager natürlich auch nicht.

# 17. Mentor

Manche Begriffe aus der griechischen Sagenwelt wurden sprichwörtlich. Einige wenige gingen sogar so tief in die deutsche Sprache ein, dass man ihnen ihre mythologische Herkunft heute nicht mehr ansieht. Zu diesen letzteren gehört der Begriff „Mentor", der auch in der Wirtschaft eine wichtige Rolle spielt. Vielen jedoch, die dieses Wort verwenden, ist nicht bekannt, dass Mentor eine Figur aus Homers Odyssee ist.

Nach den Berichten Homers war Mentor ein langjähriger Freund von Odysseus. Als letzterer in den Krieg gegen Troja zog (was gleichzeitig den Ausgangspunkt seiner Odyssee bedeutete), bat er Mentor, auf seinen Sohn Telemachus aufzupassen. Da Odysseus einige Jahre unterwegs war, wurde Mentor für Telemachus zu einem Ersatzvater. Eine interessante Note erhält diese Geschichte dadurch, dass die Göttin Athene mehrfach die Gestalt des Mentor annahm, um Telemachus ungestört besuchen zu können. Da Athene Telemachus wohlgesonnen war, erhält die Figur des Mentor auch Züge einer Ersatzmutter.

Heute wird der Begriff „Mentor" im Sinne eines väterlichen Freunds und Förderers verwendet. Der Geförderte heißt dabei Mentee oder Protegee. Auch und gerade in der Wirtschaft haben wir es mit vielen Mentoren zu tun. So galt Ferdinand Piëch (Volkswagen) als Mentor von Bernd Pischetsrieder, Mark Wössner (Bertelsmann) als Mentor von Thomas Middelhoff und Hilmar Kopper (Deutsche Bank) als Mentor von Jürgen Schrempp. Ähnliche Fälle gibt es im Unternehmen natürlich auch auf niedrigerer Ebene. Vor allem Berufseinsteiger können von einem Mentor profitieren, der Tipps für die Karriere-Planung gibt. In größeren Unternehmen gibt es häufig sogar ein institutionalisiertes Mentoring, das als Instrument zur Personalentwicklung dient. Mentor und Mentee werden dabei systematisch zusammengebracht, um einen gezielten Transfer von Know-how und Beziehungen in Gang zu bringen.

Eine wichtige Rolle spielen Mentoren auch im Vertrieb. Verkaufstrainer raten ihren Kursteilnehmern oft dazu, sich beim Kunden einen Mentor zu suchen oder aufzubauen. Ein Mentor ist in diesem Fall natürlich kein Ersatzvater, sondern ein Fürsprecher, der in entscheidenden Situationen Partei für seinen Mentee ergreift und diesem wichtige Informationen zusteckt. Es lässt sich vermuten, dass viele wichtige Geschäftsabschlüsse durch das Wirken eines Mentors zu Stande kommen. Ob die Beteiligten wissen, dass ihr Tun auf eine griechische Sage zurückgeht?

*Mentor (rechts) wurde zu einem Ersatzvater von Telemachus, während dessen leiblicher Vater Odysseus auf Irrfahrt war.*

# 18. Triumvirat

Im Jahr 60 v. Chr. schlossen sich die drei einflussreichen Römer Julius Cäsar, Pompejus und Crassus zu einem Bündnis zusammen. Historiker nennen diesen Bund heute „Triumvirat“, was man etwa mit „Dreier-Team“ übersetzen kann. Ohne Zweifel hatte sich in diesem Triumvirat ein äußerst schlagkräftiges Trio zusammengefunden, das sich gegenseitig ergänzte. Cäsar hatte als Konsul und Prokonsul große politische Macht, Pompejus verfügte als General über großen Einfluss im Militärwesen, und Crassus war als reichster Mann Roms eine Art antike Ausgabe von Bill Gates. Obwohl oder gerade weil das Triumvirat keine Verankerung in der Verfassung hatte, hielt das Dreier-Team fast zwei Jahrzehnte lang.

Es versteht sich von selbst, dass das Triumvirat seinen großen Einfluss zu allerlei Kungeleien nutzte. Bei einigen Entscheidungen, die das Dreier-Team durchboxte, verstießen Cäsar und seine beiden Kumpanen sogar gegen die Verfassung. Am Ende kam es jedoch zwischen den drei Triumvirats-Mitgliedern zu Reibereien, und nach Crassus' Tod im Jahr 53 v. Chr. standen sich Cäsar und Pompejus sogar in einem Bürgerkrieg gegenüber. Diesen konnte ersterer für sich entscheiden, während Pompejus den Tod fand. Cäsar stieg anschließend zum Herrscher Roms mit kaiserähnlicher Stellung auf.

Nachdem einige Jahre später auch Cäsar ermordet worden war, formierte sich ein neues Dreier-Team. Dieses bestand aus Octavian, Antonius und Lepidus. Dieses zweite Triumvirat stützte seinen Einfluss vor allem auf das Militär und brach die Verfassung deutlich offener als das Vorbild. Es kam zu einer regelrechten Terrorherrschaft, der zahlreiche politische Gegner der drei Bündnispartner zum Opfer fielen. Das zweite Triumvirat hielt etwa zehn Jahre lang, dann wurde Lepidus entmachtet, und Octavian führte Krieg gegen Antonius. Octavian gewann und wurde unter dem Namen „Augustus“ erster römischer Kaiser.

Die beiden römischen Triumvirate werden auch heute noch gerne als Namenspaten bemüht. Wenn sich irgendwo drei einflussreiche Menschen zusammenschließen, um auf nicht notwendigerweise legale Weise ihren Einfluss durchzusetzen, dann bezeichnet man dies abwertend als „Triumvirat“. Wenn also ein Schiedsrichtergespann im Fußball „Triumvirat“ genannt wird, dann klingt dies nach Kungelei und ist sicherlich nicht als Kompliment gemeint.

Auch in der Wirtschaft gibt es zwielichtige Dreierbanden, auf die die Bezeichnung Triumvirat passt. Wenn Sie als Leiter eines Unternehmens oder einer Abteilung aktiv sind und in dieser Funktion einem Dreierteam angehören, dann sollten Sie dies wissen. Insbesondere sollten bei Ihnen die Alarmglocken schrillen, sobald Ihre Mitarbeiter von einem „Triumvirat“ reden. Immerhin gibt es ein schönes (allerdings nicht lateinisches) Sprichwort, mit dem Sie gegenüber einem solchen Vorwurf in die Offensive gehen können: „Aller guten Dinge sind drei.“ Unabhängig davon lehrt die Geschichte der beiden Triumvirate noch etwas anderes: Ein Zweckbündnis zwischen mächtigen Menschen kann schnell in einen Krieg übergehen. Achten Sie also immer darauf, mit wem Sie sich auf eine Kungelei einlassen.

## 19. Nestor

Ältere Arbeitnehmer gehören noch lange nicht zum alten Eisen, sondern sind auf Grund ihrer Erfahrung eine Bereicherung für jedes Unternehmen. So oder so ähnlich argumentieren Politiker seit Jahren, wenn es um den Jugendwahn geht, der derzeit in vielen Firmen grassiert. Die griechische Mythologie scheint diese Einschätzung zu bestätigen, denn dort spielt ein gealterter Held namens Nestor eine durchaus positive Rolle. Weil eine solche Würdigung des Alters äußerst lobenswert ist, hat der besagte Nestor auch gleich Einzug in die deutsche Sprache gehalten.

Nestor war der König von Pylos, einer Stadt auf der griechischen Halbinsel. Da der Titel „König" im antiken Griechenland recht inflationär verwendet wurde, würde man ihn heute wohl eher als Bürgermeister bezeichnen. Nestor war ein echter Haudegen. In seiner Jugend bekämpfte er mit Erfolg die zahlreichen Viehdiebstähle, die sich in seiner Heimat zutrugen. Später erwarb er sich in verschiedenen Kriegen ein hohes Ansehen, nahm am Argonautenzug teil und beteiligte sich an der Jagd auf den berüchtigten kalydonischen Eber. Zusammen mit einigen anderen hochkarätigen Sagenhelden brachte er das gefährliche Tier zur Strecke.

Als der Trojanische Krieg begann, in dem Nestor auf Seiten der Griechen (also der Belagerer) teilnahm, war der kampferprobte Held bereits in die Jahre gekommen. Obwohl er für den Einsatz an vorderster Front nun zu alt war, spielte Nestor für seine Kumpane eine wichtige Rolle. Er gab weise Ratschläge und warnte vor überhasteten Aktionen. Als die Griechen beispielsweise nach dem Tod des Achilles seltsame Laute vernahmen und daraufhin Reißaus nehmen wollten, konnte Nestor sie beruhigen. Er hatte erkannt, dass es sich dabei „nur" um die Klagelieder einiger Götter handelte.

Nach dem antiken Vorbild bezeichnet man heute das (dienst-)älteste Mitglied einer Gruppe als „Nestor". Beispielsweise wird der Gründer eines Wissenschaftszweigs so genannt. Ein Ältestenrat, wie es ihn unter anderem im Bundestag gibt, ist so etwas wie eine institutionalisierte Nestoren-Versammlung. Dahinter steht natürlich die Idee, dass die Nestoren der unterschiedlichen Parteien unabhängig vom hitzigen Tagesgeschäft weisen Rat erteilen.

Wer in der Wirtschaft eine Abteilung oder ein Team leitet, kann meist bestätigen, dass es von Vorteil ist, einen Nestor zu haben. Dabei handelt es sich typischerweise um eine im Vergleich zu den anderen etwas ältere Person, die zwar keine besonderen Kompetenzen hat, mit ihrer Erfahrung jedoch als ruhender Pol dient. Ein Nestor kann auch Unpopuläres ansprechen und in kritischen Situationen beruhigend wirken. Wenn im Team irgendwelche Hitzköpfe (auch der Chef kann ein solcher sein) aneinander geraten, dann ist der Nestor als Schlichter gefragt.

Wenn Sie als Manager Personalverantwortung haben, kann ein Nestor unter Ihren Leuten ebenso wertvoll sein wie ein Routinier in einer Fußballmannschaft. Menschliche Schwächen sollten Sie dabei verzeihen. Auch der originale Nestor aus der griechischen Sage war bekannt dafür, dass er gelegentlich in epischer Breite über seine vergangenen Heldentaten berichtete und manchmal reichlich sinnlose Ratschläge gab.

# 20. Ceterum Censeo

„Ceterum censeo Carthaginem esse delendam!“, forderte um 150 v. Chr. der römische Senator Marcus Porcius Cato. Die gebräuchlichste – wenn auch nicht ganz korrekte – Übersetzung dieses Satzes lautet: „Im Übrigen bin ich der Meinung, dass Karthago zerstört werden muss!“. Cato äußerte diese Forderung nicht nur einmal, sondern schloss angeblich jede seiner Reden damit. Seinen Senatskollegen ging er mit seinem Karthago-Tick auf die Nerven. Catos Zerstörungswut hatte sich bei einem Besuch in Karthago gebildet, bei dem er sich erfolglos als Schlichter einer kriegerischen Auseinandersetzung versucht hatte. Bei dieser Gelegenheit hatte ihn die Größe und Macht der Stadt beeindruckt. Dabei hatte diese zuvor einen Krieg gegen die Römer verloren. Doch unter der Mitwirkung des vormaligen Heerführers Hannibal, der mit seiner Armee bis vor Rom vorgedrungen war, hatte sich Karthago schnell erholt. Nun stellte die Stadt in den Augen des Cato eine ernsthafte Gefahr für Rom dar.

Am Ende hatte Catos Taktik der ständigen Wiederholung Erfolg. Der Senat stimmte seinem Antrag zur Zerstörung Karthagos zu, und so segelte im Rahmen des Dritten Punischen Kriegs eine römische Kriegsflotte in Richtung der auf dem afrikanischen Kontinent gelegenen Metropole. Die Karthager versuchten zwar, durch Verhandlungen einen Angriff der Römer zu verhindern, doch das nutzte nichts. Nach einer dreijährigen Belagerung zerstörten die Römer die 500.000-Einwohner-Stadt bis auf die Grundmauern und versklavten die Überlebenden. Karthago wurde zur römischen Provinz und erreichte nie wieder seine einstige Bedeutung. Über diesen militärischen Erfolg konnte sich Cato jedoch nicht mehr freuen, denn er war bereits 149 v. Chr. verstorben.

Das Vorgehen der Römer war sicherlich nicht gerade von Barmherzigkeit geprägt, doch danach fragt heute niemand mehr. Dafür ist Catos Ausspruch noch in aller Munde. Als „Ceterum censeo" bezeichnet man heute eine Forderung, die jemand unzählige Male bei jeder sich bietenden Gelegenheit wiederholt, um die verantwortlichen Personen zum Einlenken zu bewegen. Der Begriff „gebetsmühlenhaft" hat eine ähnliche Bedeutung.

In der heutigen Wirtschaft wimmelt es nur so von Ceterum censeos. So fordern zahlreiche Wirtschaftsexperten seit Jahren bei jeder Gelegenheit marktwirtschaftliche Reformen, um beispielsweise die Staatsverschuldung zu senken. Der Ex-Verfassungsrichter Paul Kirchhof machte ein einfaches Steuerrecht zu seinem Ceterum censeo und brachte es damit bis zum Ministerkandidaten. Über ein anderes Beispiel schrieb 1998 die Wirtschaftswoche: „Solange der SPD und ihrem Spitzenkandidaten der Ruf anhängt, nicht mit Geld umgehen zu können, so Schröders Ceterum censeo, sind die wahlentscheidenden Wechselwähler aus der Mitte nicht zu gewinnen."

Korrekt übersetzt bedeutet „censeo" übrigens: „Ich beantrage". Das berühmte Zitat müsste daher auf Deutsch richtigerweise lauten: „Im Übrigen bin ich der Meinung, dass Karthago zerstört werden muss." Dass Cato tatsächlich jede Rede mit exakt diesem Wortlauf schloss, halten Historiker allerdings eher für unwahrscheinlich. Es könnte jedoch den Tatsachen entsprechen, dass der Senator ständig auf seine Forderung hinwies. Das Ceterum censeo ist also mehr als nur eine hübsche Legende.

# 21. Jovial

Jupiter ist in der römischen Mythologie der oberste Gott von allen. Ursprünglich handelte es sich dabei um eine eigenständige Figur, doch nach der Eroberung Griechenlands verschmolz der römische Obergott mit dem griechischen Göttervater Zeus (gleiches passierte mit zahlreichen anderen römischen Gottheiten). Angesichts der Wichtigkeit von Jupiter versteht es sich fast von selbst, dass dieser seine Spuren in unserer Sprache hinterlassen hat. So ist ein Planet nach ihm benannt, und eine Mozart-Sinfonie trägt seinen Namen.

Wer im Lateinunterricht aufgepasst hat, wird zudem wissen, dass Jupiter wie folgt dekliniert wird: „Iupiter, Iovis, Iovi, ...". Dadurch ist erkennbar, dass auch der Begriff „jovial" von Jupiter abgeleitet ist. Als jovial bezeichnet man einen Menschen, der sich herablassend-großzügig verhält – so wie man es von einem echten Göttervater erwarten würde. Wenn Sie in Ihrem Beruf Personalverantwortung haben, dann sollten Sie zumindest auf den herablassenden Teil der Jovialität verzichten. Ansonsten wird Ihnen womöglich vorgeworfen, „jovialer als Jupiter" zu sein, und das ist fast so schlimm wie „päpstlicher als der Papst".

Das Schönste an Jupiter ist aus Manager-Sicht zweifellos ein lateinisches Zitat des Dichters Terenz, das sich sehr gut in der Personalführung einsetzen lässt. Es lautet: „Quod licet Iovi, non licet bovi" („Was dem Jupiter erlaubt ist, ist dem Ochsen noch lange nicht erlaubt"). Mit anderen Worten bedeutet dies: Was Sie als Chef tun dürfen, muss für die normalsterblichen Kollegen noch lange nicht zulässig sein.

Im Gegensatz zu seinem römischen Pendant ist Zeus als Namenspate eher unbeliebt. Anstatt einen Planeten oder eine Sinfonie als Namensvetter zu haben, muss sich der Griechengott mit einer Fischgattung („Zeus faber", besser bekannt als Petersfisch) begnügen. Ansonsten kennen wir heute vor allem den Ausspruch „,Was tun?', sprach Zeus, ,die Götter sind besoffen'". Manchmal wird dieser mit den Zusatz „der Olymp ist vollgekotzt" versehen. Dieses Zitat stammt ursprünglich aus Friedrich Schillers Gedicht „Die Teilung der Erde" und heißt richtigerweise: „,Was tun?', spricht Zeus, ,die Welt ist weggegeben.'" Das Gedicht erzählt, wie Zeus die Gaben der Erde an die Menschen verteilt und dabei die Dichter vergisst, weil diese zu sehr mit ihrer Poesie beschäftigt sind – zweifellos eine lohnenswerte Lektüre für jeden Manager.

## 22. Advocatus diaboli

„Ich spiel mal den Advocatus diaboli", sagt jemand, der einen Vorschlag seines Gegenübers auf etwaige Schwachstellen abklopfen will. Der „Advocatus diaboli" ist wörtlich genommen der „Anwalt des Teufels". Wer ihn spielt, versetzt sich in die Lage der Gegenpartei und stellt Fragen, die normalerweise nur einem feindlich gesinnten Zeitgenossen einfallen würden. Als Manager mit Personalverantwortung haben Sie gegenüber Ihren Mitarbeitern vermutlich schon oft den Advocatus diaboli gespielt.

„Advocatus diaboli" ist eigentlich ein Begriff aus dem Kirchenlatein, wo es als Gegenpartei auch einen „Advocatus dei" („Anwalt Gottes") gab. Die beiden Anwälte waren zwei wesentliche Beteiligte im Vorfeld einer Heiligsprechung in der katholischen Kirche. Sollte eine Person heilig gesprochen werden, dann startete der Vatikan ein Verfahren, in dem sich der Advocatus dei für die Heiligsprechung einsetzte, während der Advocatus diaboli – ebenfalls ein Kirchenmann – die Gegenposition vertrat. Wichtigster Diskussionspunkt dabei waren (und sind bis heute) in der Regel die Wunder, die der potenzielle Heilige gewirkt haben soll. Der Advocatus diaboli musste mit kritischer Sichtweise prüfen, ob diese in ausreichendem Maße bewiesen waren. Wenn mindestens zwei Drittel der Stimmberechtigten und zusätzlich der Papst am Ende zustimmten, dann stand der Heiligsprechung nichts mehr im Wege.

Papst Johannes Paul II., der insgesamt 482 Heiligsprechungen vornahm, muss wohl irgendwann die Nase voll vom Advocatus diaboli gehabt haben. 1983 schaffte er ihn ab. Der Advocatus dei ging ebenfalls in anderen Ämtern auf. Sprachlich hat der Advocatus diaboli allerdings bis heute überlebt. Zudem hat er einen engen Verwandten: Murphys Gesetz. Dieses geht bekanntlich auf den US-Luftfahrttechniker Edward Murphy

(1917-1990) zurück und lautet in seiner ursprünglichen Form etwa: „Wenn etwas schief gehen kann, dann sollte man damit rechnen, dass es tatsächlich schief geht." Die Geburtsstunde des Gesetzes schlug 1949, als Murphy an einem teuren Experiment beteiligt war. Dieses ging daneben, weil 16 Sensoren allesamt falsch montiert waren.

Man kann es daher so formulieren: Der Advocatus diaboli ist der Anwender von Murphys Gesetz. Er sucht akribisch nach irgendwelchen Schwachstellen in einem Plan, auch wenn die Gegenseite dies als haarspalterisch empfindet. In den meisten Firmen gibt es die eine oder andere Person, die für die Rolle des Advocatus diaboli prädestiniert ist. Als Manager sollten sie das nutzen, um etwaige Fehler früh erkennen zu können. Nur im Rahmen eines Brainstormings ist das Advocatus-diaboli-Spielen verboten.

Die institutionalisierte Form des Advocatus diaboli ist heute in vielen Unternehmen ein Bestandteil des Risikomanagements. Dieses beschäftigt sich mit der Identifikation von Risiken sowie deren Bewertung und Steuerung. Ähnlich wie bei einer Heiligsprechung muss hierbei auch die Sicht eines (meist nicht als Person existierenden) Gegenspielers einfließen. Das Ergebnis hat in der Managersprache sogar einen Namen: „Worst-Case-Szenario".

# 23. Tantalus-Qualen

Sicherlich kennen Sie diese Situation: In greifbarer Nähe befindet sich eine wunderbare Sache, die Sie sich scheinbar problemlos in die Tasche stecken könnten. Dennoch können oder dürfen Sie nicht zugreifen. Eine solche Situation bezeichnet man gemeinhin als „Tantalus-Qual" – benannt nach König Tantalus aus der griechischen Mythologie.

Tantalus war zweifellos ein verwegener Geselle. Als ihm das Privileg widerfuhr, mit den zwölf olympischen Göttern speisen zu dürfen, hatte er nichts Besseres zu tun, als deren Getränk Nektar und deren Speise Ambrosia zu stehlen und diese an seine Angehörigen weiterzugeben. Als Tantalus später die Götterschar bei sich zu Gast hatte, setzte er sogar noch einen drauf. Er schlachtete seinen eigenen Sohn und setzte ihn seinen Besuchern zur Speise vor. Damit wollte er testen, ob die Götter eine solche Freveltat bemerkten. Natürlich kamen Zeus und seine Kollegen dahinter, auch wenn die Göttin Demeter zu diesem Zeitpunkt bereits die Schulter des Getöteten verspeist hatte. So machten die Götter Tantalus' Sohn wieder lebendig und ersetzten die fehlende Schulter durch ein Stück Elfenbein.

Natürlich ließen sich die Götter eine solche Behandlung nicht gefallen, und so hatte Tantalus bald nichts mehr zu lachen. Die Götter sperrten ihn in einen Teich, dessen Wasser ihm bis zum Kinn reichte. Doch jedes Mal, wenn Tantalus sich bückte, um zu trinken, ging das Wasser zurück, sodass er seinen Durst nicht stillen konnte. Gleichzeitig hingen von den Bäumen rund um den Teich Äste mit leckeren Früchten herab. Doch wenn der arme Tantalus versuchte, diese zu pflücken, wehte sie der Wind in eine unerreichbare Höhe. Kein Wunder, dass diese „Tantalus-Qualen" sprichwörtlich geworden sind. Man bezeichnet damit eine verführerische Sache, die man direkt vor der Nase hat, auf die man jedoch nicht zugreifen kann. Man denke nur an einen Mitmenschen, der sich mit leckerem Essen vollstopft, während man selbst Diät halten muss.

Zweifellos erleben Sie auch im Manager-Alltag mitunter Tantalus-Qualen. Wenn beispielsweise ein Kunde ständig mit großen Aufträgen lockt, im letzten Moment aber immer einen Rückzieher macht, handelt es sich um eine solche. Natürlich lassen sich Tantalus-Qualen auch wunderbar nutzen, um jemanden anzuspornen – man denke nur an das bekannte Bild vom Esel und der Möhre. Doch sollten Sie solche Methoden in der Personalführung nicht anwenden.

# 24. Diadochen-Krieg

Im Jahr 2001 ging Jack Welch, Vorstandsvorsitzender des US-Konzerns General Electric, nach zwanzigjähriger Amtszeit in den Ruhestand. Als kluger Manager, der etwas von Personalführung verstand, hatte er seine Nachfolge geregelt und sich aus den zahlreichen Anwärtern auf den Chefsessel den aus seiner Sicht geeignetsten ausgesucht: den damals 45-jährigen Jeffrey Immelt. Damit hatte Welch etwas verhindert, was immer droht, wenn ein großer Herrscher abtritt und kein eindeutig erkennbarer Erbe bereit steht: einen Diadochen-Krieg. Als solchen bezeichnet man gemeinhin einen Machtkampf zwischen den Nachfolgern einer bedeutenden Person.

Der historische Prototyp aller Diadochen-Kriege geht auf Alexander den Großen (356-323 v. Chr.) zurück. Dieser war zunächst als Herrscher des wenig bedeutenden Kleinstaats Makedonien im Norden Griechenlands aktiv. In einer historisch einzigartigen Serie von Feldzügen gelang es ihm nach und nach, große Teile der damals bekannten Welt zu erobern. Neben Ägypten unterwarf er das gesamte seinerzeit sehr mächtige Perserreich, Teile des Mittelmeerraums, das heutige Afghanistan und einige weitere Gebiete. Alexanders Imperium gilt heute neben dem zu diesem Zeitpunkt bereits im Abstieg befindlichen Perserreich und dem Römischen Reich als eines der drei Weltreiche der Antike. Im Gegensatz zu den beiden anderen war Alexanders Weltreich jedoch nahezu eine One-Man-Show.

Alexander war bereits zu Lebzeiten ein Mythos. Da versteht es sich von selbst, dass nach seinem überraschenden Tod ein Streit um seine Nachfolge entbrannte. Sein Stellvertreter Perdikkas wollte sich zum Reichsverweser machen, bis Alexanders Sohn (damals noch ungeboren) herangewachsen war, doch er bekam sofort die Gegenwehr von Alexanders Feldherren zu spüren. So zerfiel das Weltreich in mehrere Teile, die von so genannten Diadochen (griechisch für Nachfolger) regiert wurden. Diese bekämpften sich untereinander buchstäblich bis aufs Messer. In sechs Diadochen-Kriegen gingen sie in wechselnden Bündnissen aufeinander los, wobei sich die Kämpfe bis in die folgende Generation hinzogen. Erst etwa 50 Jahre nach Alexanders Tod kehrte Ruhe ein, und aus dem einstigen Reich bildeten sich drei Nachfolgestaaten.

Über zwei Jahrtausende nach Alexander finden Diadochen-Kriege hierzulande zum Glück nicht mehr auf dem Schlachtfeld statt. Dennoch gibt es sie nach wie vor. Die Financial Times Deutschland betrachtete beispielsweise im Jahr 2003 die designierte Bundeskanzlerin Angela Merkel als Profiteurin eines Diadochen-Kriegs: „1998 erleiden die Christdemokraten eine verheerende Wahlniederlage, der Vorsitzende Helmut Kohl tritt zurück und hinterlässt ein Führungsvakuum. Inmitten des Hauens und Stechens der Diadochen ist der Weg frei für eine Außenseiterin, eine Ex-Ministerin, die sich als taktisch gewitzt und überraschend durchsetzungsstark erweist." Ein guter Manager sollte aus den Diadochen-Kriegen in jedem Fall eine Lehre ziehen: Wer in einer wichtigen Position seinen Abschied plant, der tut im Interesse des Unternehmens gut daran, sich schon vorher um einen geeigneten Nachfolger zu kümmern.

## 25. Mens sana in corpore sano

Ein kleiner Satz kann manchmal endlose Diskussionen verursachen. So etwa das lateinische Zitat „mens sana in corpore sano", was soviel heißt wie „Ein gesunder Geist steckt in einem gesunden Körper." Oft wurde dieser Spruch, der auf den römischen Dichter Juvenal (ca. 60-130 n. Chr.) zurückgeht, so interpretiert, dass nur ein gesunder Körper in der Lage ist, geistige Höchstleistungen zu vollbringen. Verständlich, dass vor allem behinderte Menschen diese Auslegung ablehnen. Sicherlich nicht zu Unrecht, denn Beispiele für kluge Köpfe mit körperlichen Gebrechen gibt es wahrlich genug – man denke nur an den genialen Physiker Stephen Hawking oder den erblindeten Mathematiker Leonhard Euler.

Fairerweise muss man jedoch darauf hinweisen, dass das besagte Zitat nur die halbe Wahrheit ist. Der vollständige Spruch lautet „Orandum est, ut sit mens sana in corpore sano" („Es wäre zu wünschen, dass in einem gesunden Körper auch ein gesunder Geist stecken würde"). Juvenals viel zitierte Weisheit ist also keine Feststellung, sondern eine Forderung. Der Dichter machte sich damit über den Fitness-Kult lustig, der unter den Römern seinerzeit grassierte. Dieses Thema ist in unserer heutigen Gesellschaft erneut aktuell geworden.

Trotz allem hat sicherlich auch die falsch verstandene Bedeutung des Juvenal-Zitats ihre Berechtigung. Schließlich wird niemand ernsthaft bestreiten, dass körperliches Wohlbefinden eine wichtige Voraussetzung für die geistige Leistungsfähigkeit ist. Deshalb ist „mens sana in corpore sano" ein beliebtes Motto für Fitness-Aktivitäten aller Art. Gerade, wenn gestresste Manager zur Zielgruppe gehören, passt der Hinweis.

Nicht zu verwechseln ist „mens sana“ übrigens mit dem lateinischen Wort „mensa“, das schlicht „Tisch“ bedeutet. Sowohl die Mensa als Universitäts-Kantine als auch die Hochbegabten-Organisation gleichen Namens ist nach diesem lateinischen Begriff benannt. Bei den Hochbegabten dürfte die Assoziation mit „mens sana“ („gesunder Geist“) allerdings nicht gänzlich ungewollt sein.

Ein ähnlich missverstandenes Zitat ist „non scholae, sed vitae discimus“ („Nicht für die Schule, sondern für das Leben lernen wir“). Dieses Sprichwort geht auf den römischen Dichter und Staatsmann Seneca zurück, der im ersten Jahrhundert nach Christus lebte. Seneca formulierte den Satz jedoch genau umgekehrt: „Non vitae, sed scholae discimus“ („Nicht für das Leben, sondern für die Schule lernen wir“). Mit diesem Vorwurf kritisierte Seneca das römische Bildungswesen in der frühen Kaiserzeit. Die umgedrehte Version des Zitats, die sich wohl jeder Schüler irgendwann anhören muss, entstand erst im Mittelalter. Mit Blick auf die oft realitätsfernen Lehrinhalte unseres heutigen Bildungssystems fragt sich derzeit erneut so mancher Manager: Lernen die Kinder hier für das Leben, oder lernen sie nur für die Schule.

# Erfolg und Misserfolg

## 26. Midas-Touch

Es gibt eine Figur in der griechischen Mythologie, die als Symbol in der heutigen Wirtschaft besonders präsent ist: der phrygische König Midas. Kein Wunder, denn alles, was Midas anfasste, wurde zu Gold. Doch wie man weiß, hatte Midas' außergewöhnliche Fähigkeit auch ihre Nachteile.

Im Gegensatz zu den meisten anderen Protagonisten der griechischen Sagenwelt können Historiker König Midas auf eine Person zurückführen, die tatsächlich gelebt hat. Möglicherweise gab es nacheinander sogar zwei Herrscher namens Midas, die im 8. Jahrhundert v. Chr. in Phrygien regierten. Die Sprichwörtlichkeit des legendären Königs geht jedoch auf eine Geschichte zurück, die sich in der Realität kaum so abgespielt haben dürfte. Nach dieser Überlieferung bewunderte Midas die Weisheit des in die Jahre gekommenen Nymphensohns Silenos, der unter anderem als Lehrer des Weingottes Dionysos (auch als Bacchus bekannt) aktiv gewesen war. Man beachte, dass Midas zunächst nicht von Habgier, sondern vom Drang nach Wissen getrieben war.

Da Midas glaubte, an der Weisheit des Silenos teilhaben zu können, ließ er diesen mit einer List entführen. Er mischte einer Quelle, aus der Silenos trank, Wein bei, woraufhin dieser berauscht einschlief. So war es ein Leichtes, den Weisen einzufangen. Da es mit dem Weisheitstransfer dann allerdings nicht so recht funktionieren wollte, änderte Midas seinen Plan und forderte von Dionysos ein Lösegeld für die Freilassung des Silenos. Dieses bestand darin, dass ihm der Weingott die Fähigkeit verlieh, dass alles, was er berührte, zu Gold wurde.

Die Folgen sind bekannt. Midas konnte sich zwar nun Gold in Massen beschaffen, doch gleichzeitig drohte er zu verhungern und zu verdursten. Er hatte nämlich nicht bedacht, dass nun auch alle Nahrungsmittel, die er berührte, zu Gold wurden. So blieb Midas nichts anderes übrig, als Dionysos zu beknien, die ihm verliehene Gabe wieder zurückzunehmen. Dionysos zeigte sich gnädig und riet dem Phrygier-König, im Fluss Paktolos zu baden. Tatsächlich war Midas anschließend vom Fluch erlöst. Eine Überlieferungsvariante will wissen, dass Midas anschließend dem Reichtum abschwor und bis zu seinem Tod ein bescheidenes Leben führte. Nebenbei wurde der Paktolos durch diese Aktion zum goldreichsten Fluss Kleinasiens, wovon später ein anderer sprichwörtlich reicher Herrscher profitiert haben soll: der Lydier-König Krösus.

In der heutigen Wirtschaftswelt sprechen Manager gerne vom „Midas-Touch". Einen solchen hat, wer alles, was er anpackt, zum Erfolg bringt. Nützlich ist so etwas beispielsweise an der Börse. Dabei ist jedoch Vorsicht geboten, denn in Phasen steigender Kurse kann sich nahezu jeder als Midas fühlen – jedenfalls so lange, bis die nächste Krise beginnt. Auch so manchem Unternehmer wird ein Midas-Touch nachgesagt. Dazu gehören unter anderem der britische Virgin-Gründer Richard Branson und der deutsche Show-Star Dieter Bohlen. Der Vergleich hinkt jedoch. So drohen beide noch nicht, an ihrem Reichtum zu sterben, und von einem bevorstehenden Leben in Bescheidenheit ist weder bei Branson noch bei Bohlen bislang etwas zu ahnen.

# 27. Pyrrhus-Sieg

Haben Sie schon einmal einen Sieg errungen, den Sie sich teuer erkaufen mussten? So teuer sogar, dass Sie auf weitere Siege dieser Art lieber verzichten würden? Wenn ja, dann befinden Sie sich in Gesellschaft des Königs Pyrrhus, der als Herrscher von Epirus (Nord-Griechenland) gegen die Römer Krieg führte. Im Jahr 279 kam es zur Schlacht von Asculum (südöstlich von Rom), die Pyrrhus siegreich gestalten konnte. Allerdings waren die Verluste auf seiner Seite so hoch, dass er zu einem Vertrauten gesagt haben soll: „Noch so ein Sieg, und wir sind verloren!" Vier Jahre später folgte bei Beneventum in Süditalien die nächste Schlacht. Dieses Mal erlitt Pyrrhus eine empfindliche Niederlage, wodurch obendrein der Krieg gegen die Römer verloren war. Seine Vorahnung hatte Pyrrhus also nicht getrogen.

Der Pyrrhische Krieg markiert aus heutiger Sicht einen wichtigen Meilenstein beim Aufstieg Roms zur Weltmacht. Außerdem machte er den „Pyrrhus-Sieg" zu einem feststehenden Begriff der deutschen Sprache. In Anlehnung an das genannte Zitat ist damit ein Sieg gemeint, dessen negative Folgen die positiven überwiegen. Zweifellos ist der Pyrrhus-Sieg ein nützlicher Begriff im Wortschatz eines Managers.

Blickt man auf die jüngere Wirtschaftsgeschichte zurück, dann findet man eine wahre Flut von Pyrrhus-Siegen. Das beeindruckendste Beispiel ist zweifellos die Versteigerung der UMTS-Lizenzen durch die Regulierungsbehörde für Telekommunikation und Post (RegTP) im Jahr 2000. Damals bewarben sich sieben Mobilfunk-Anbieter um insgesamt zwölf Lizenzen (zwei pro Anbieter waren notwendig, um ein Netz betreiben zu können) und lieferten sich dabei eine bis dahin unbekannte Bieterschlacht. Am Ende mussten die sechs Sieger der Auktion insgesamt 50,8 Milliarden Euro auf den Tisch blättern, um die begehrten Zulassungen zu erhalten.

Noch während die Lizenzgewinner nach der Auktion auf ihren Erfolg anstießen, machte unter den Beobachtern der Ausdruck „Pyrrhus-Sieg" die Runde. Die Lizenzen waren so teuer, dass keiner der Auktionsgewinner schlüssig erklären konnte, wie er diese gewaltige Investition refinanzieren wollte. Die Firma Debitel, die als erster und einziger Bieter während der Auktion ausgestiegen war, konnte sich als moralischer Sieger fühlen. Davon abgesehen war das Finanzministerium der eigentliche Gewinner der Versteigerung, denn mit einem derart hohen Erlös hatte man dort nicht gerechnet.

Die Folgen für die frischgebackenen UMTS-Lizenzinhaber machten der Bezeichnung Pyrrhus-Sieg alle Ehre. Selbst der Marktführer Deutsche Telekom schlitterte in eine Krise, die Unternehmens-Chef Ron Sommer den Job kostete. Währenddessen drohte dem Konkurrenten Mobilcom sogar die Insolvenz. So blieb dem Büdelsdorfer Unternehmen nichts anderes übrig, als die Lizenz zurückzugeben und die Milliarden abzuschreiben. Auch die Group 3G (später in „Quam" umbenannt) gab ihre UMTS-Pläne in Deutschland aus Kostengründen auf und blieb auf einem Milliardenverlust sitzen. Die anderen Teilnehmer hatten ebenfalls schwer an ihrem Erfolg zu knabbern, zumal UMTS bis heute alles andere als eine Gelddruckmaschine ist. Vermutlich dachten daher alle UMTS-Gewinner nach der Auktion: „Noch so ein Sieg, und wir sind verloren."

# 28. Lichasdienst

Wenn Sie versuchen, jemandem zu helfen, diesem am Ende aber mehr schaden als nutzen, dann haben Sie dem Betroffenen einen Bärendienst erwiesen. Diese Redewendung geht möglicherweise auf eine Ballade des französischen Dichters Jean de La Fontaine zurück, in der ein Bär einen Stein auf einen schlafenden Freund wirft, um eine Fliege auf dessen Gesicht zu vertreiben. Der gut gemeinte Dienst des Bären führt jedoch zum Tod des Freundes. Nicht ganz so bekannt, aber von gleicher Bedeutung, ist die Redensart „jemandem einen Lichasdienst erweisen“. Dieser Ausdruck geht auf die griechische Mythologie zurück.

Namenspate des Lichasdiensts ist der Diener Lichas, der in den Diensten des großen Herkules stand. Herkules’ Gemahlin Deianeira bat Lichas, seinem Meister ein Hemd zu überbringen, das sie zuvor mit dem giftigen Blut des Nessus bestrichen hatte. Deianeira hoffte, dass dieses Kleidungsstück die Zuneigung des vermeintlich untreuen Ehemanns erneuern würde. Diese Hilfe durch Lichas und Herkules’ Gattin sollte sich jedoch als Bärendienst erweisen. Dies lag daran, dass das Blut auf dem Hemd mit dem Gift der Hydra verunreinigt war und dadurch nicht die beabsichtigte Wirkung entfaltete. Das Kleidungsstück verbrannte Herkules die Haut und klebte so fest an dessen Körper, dass sich der Held beim Versuch, es abzureißen, schwer verletzte. Vor Schmerzen fast wahnsinnig geworden, begann Herkules, in rasender Wut seine Umgebung zu zerstören. Dies bekam auch der unschuldige Lichas zu spüren. Aus Zorn auf den vermeintlichen Verursacher seiner Qualen, packte Herkules seinen Diener und warf ihn ins Meer.

Es dürfte klar sein, dass Lichasdienste auch in der heutigen Wirtschaft keine Seltenheit sind. Jeder Manager kennt Geschichten von jungen, unerfahrenen Mitarbeitern, die in bester Absicht handelten und am Ende dennoch einen kapitalen Bock schossen. „Gut gemeint" ist eben oftmals noch lange nicht „gut gemacht". Allerdings muss man auch Top-Managern oft genug den Vorwurf machen, mit ihren Entscheidungen daneben gelegen und ihrem Arbeitgeber dadurch einen Bärendienst erwiesen zu haben. So entpuppte sich beispielsweise im Jahr 1985 die Idee, dem Getränk Coca Cola eine neue Rezeptur zu verpassen, als bis heute unerreichter Marketing-Flop. Zwar schmeckte die neue Variante nicht schlechter als die alte, doch die Kunden akzeptierten sie nicht, und so brachen die Verkaufszahlen ein. Das Coca-Cola-Management hatte dem Unternehmen mit seiner Entscheidung einen Lichasdienst erwiesen.

*Lichas übergibt Herkules das Hemd, das mit dem giftigen Blut von Nessus bestrichen wurde.*

# 29. Wie Phönix aus der Asche

Kaum eine andere griechische Sagengestalt erfreut sich als Namenspate so großer Beliebtheit wie der Vogel Phönix. Nach ihm haben sich nicht nur die Hauptstadt von Arizona, ein deutscher Fernsehsender und eine Marsmission benannt. Auch mehrere Unternehmen – man denke nur an Phoenix Contact, Phoenix AG, Phönix Flugzeugwerke, Phönix Versicherung und Phoenix Microelectronics – tragen seinen Namen. Nebenbei gibt es auch mehrere Forschungsprojekte, Computer-Programme und Rockbands, die nach dem Fabeltier benannt sind.

Angesichts der immensen Beliebtheit des Phönix überrascht es, dass das sagenumwobene Federvieh in der klassischen griechischen Mythologie gar nicht vorkommt. Phönix war also kein Geschöpf, das mit Zeus, Herkules oder Odysseus in Berührung kam. Vielmehr spielte das Fabelwesen in einer davon unabhängigen Legende eine Rolle, die die Griechen von den Ägyptern übernommen hatten. Diese Legende beschreibt den Phönix als rot und goldfarben gefiederten Greifvogel, der eine Lebenserwartung von mehreren hundert Jahren hat. Am Ende seines Lebens baut sich der Phönix stets ein Nest, das anschließend in Flammen aufgeht und mit ihm verbrennt. Nachdem das Feuer erloschen ist, bleibt in der Asche ein Ei zurück, aus dem ein neuer Phönix schlüpft.

Diese Legende macht es verständlich, warum Phönix als Namenspate so populär ist. Der Fabelvogel ist quasi die mythologische Fleischwerdung eines Steh-auf-Männchens – nachdem er verbrannt und scheinbar verschwunden ist, kehrt er nach einer Weile in alter Pracht zurück. Ein Phönix ist also nicht tot zu kriegen, und das macht ihn als Symbol attraktiv. Sogar die frühen Christen verwendeten den Phönix als Sinnbild für die Auferstehung, obwohl dieser aus ihrer Sicht einen heidnischen Ursprung hatte.

Heute hat Phönix nicht nur zahlreiche Namensvettern, sondern ist auch in der Redewendung „wie Phönix aus der Asche" präsent. Unnötig zu erwähnen, dass dieser Ausdruck in der Wirtschaft besonders oft verwendet wird. Unternehmen, die einmal am Boden lagen, um anschließend in neuer Pracht aufzuerstehen, gibt es schließlich genug. Man denke nur an MG Technologies oder IBM. Nach dem Niedergang der DDR kämpften dort Firmen wie die Rotkäppchen Sektkellerei, die Glashütter Uhren-Manufakturen oder Multicar ums Überleben, um anschließend phönixgleich zurückzukommen.

Die wohl bedeutendste deutsche Phönix-Geschichte der letzten Jahre spielte sich bei Porsche ab. Der Stuttgarter Sportwagenhersteller steckte um das Jahr 1993 in einer tiefen Krise. Die Verkaufszahlen waren auf 15.000 Autos pro Jahr eingebrochen, der Börsenwert lag nur noch bei umgerechnet 300 Millionen Euro. Eine Übernahme – etwa durch Daimler-Benz – schien die einzige Rettung zu sein.

Doch dann kam der bis dahin kaum bekannte Wendelin Wiedeking ans Ruder und schaffte die Wende. Wie Phönix aus der Asche stieg Porsche zu neuem Glanz empor und wurde zum profitabelsten Autobauer der Welt. Heute verkauft das Unternehmen pro Jahr über 90.000 Sportwagen und hat einen Börsenwert von 8 Milliarden Euro. Bleibt zu hoffen, dass diese neue Blüte ein ähnlich langes Leben hat wie der rot-goldene Feuervogel.

# 30. Deus ex machina

In den Tragödien der griechischen Dramatiker kamen oft Konflikte auf, für die es keine plausible Lösung mehr gab. In solchen Situationen tauchte oft ein Gott auf, der die verworrene Lage auf übernatürliche Weise zu einem guten Ende brachte. Den Schauspieler, der den übernatürlichen Retter verkörperte, ließ man meist mit einem speziellen Kran, der so genannten Theatermaschine, auf die Bühne schweben. Man sprach daher von einem „Gott aus der Maschine". Auf Griechisch hieß das „apo mechanes theos", bekannter ist jedoch die lateinische Übersetzung „deus ex machina".

Ein bekanntes Beispiel für einen Deus ex machina findet sich in der Tragödie „Die Eumeniden" von Aischylos. Das göttliche Eingreifen der Athene beendet in diesem Drama einen über Generationen währenden Streit und macht gleichzeitig aus streitlustigen Rachegöttinnen liebenswerte Geschöpfe. Heute wäre das Publikum von einem derart konstruierten Ende sicherlich enttäuscht, doch die Alten Griechen hatten offensichtlich nichts gegen eine dramaturgische Demonstration göttlicher Macht einzuwenden.

Heute bezeichnet man als Deus ex machina eine unerwartet auftretende Person oder Begebenheit, die in einer verfahrenen Konfliktsituation die unverhoffte Lösung bringt. So etwas gibt es natürlich auch in der Wirtschaft. So konnte sich beispielsweise der damalige Bundeskanzler Gerhard Schröder 1999 als Maschinengott feiern lassen, als er den Baukonzern Philipp Holzmann mit Geldern aus der Staatskasse vor der Pleite rettete. Kein Wunder, dass die Holzmann-Mitarbeiter ihren Retter anschließend wie einen göttlichen Helden feierten.

An einen Deus ex machina fühlten sich auch viele erinnert, als im Jahr 2001 der ehemalige Hacker Kim Schmitz der angeschlagenen Firma Letsbuyit.com seine Hilfe anbot. Mit einem Millionenbetrag wollte der schwergewichtige Jung-Manager die Pleite des New-Economy-Unternehmens abwenden. Um das Geld aufzutreiben, gründete Schmitz eigens die Risikokapitalgesellschaft Kimvestor, die jedoch schnell in erste Schwierigkeiten geriet. Statt einer Finanzspritze für Letsbuyit.com gab es erst einmal Diskussionen um die Rechtsfähigkeit der Gesellschaft und Ärger wegen unvollständiger Informationsprospekte. Nebenbei war zu keinem Zeitpunkt klar, wo die von Schmitz versprochenen Millionen herkommen sollten. So musste Letsbuyit.com am Ende ohne die Hilfe des selbsternannten Retters auskommen. Maschinengötter sind eben auch nicht mehr das, was sie im antiken Griechenland einmal waren.

Da unverhoffte Glücksfälle also auch in der Wirtschaft anzutreffen sind, ist „Deus ex machina“ für einen Manager eine hilfreiche Redewendung.

# 31. Damokles-Schwert

Damokles, eine Figur aus einer griechischen Erzählung, war unzufrieden und neidisch. Insbesondere beneidete er König Dionysios von Syrakus, an dessen Hof er lebte, um dessen Macht und Reichtum. Dieser Zustand, der heute auch in Manager-Kreisen anzutreffen sein soll, veranlasste Dionysios dazu, seinem Günstling eine Lehre zu erteilen. Er ließ vor einem Festmahl ein Schwert über dem Platz des Königs aufhängen, das lediglich von einem Rosshaar gehalten wurde. Anschließend bat er Damokles, sich auf diesen Königsplatz zu setzen und von dort aus an dem Mahl teilzunehmen. Damokles war natürlich irritiert und fragte nach dem Sinn der gefährlichen Waffe über seinem Kopf. Da erklärte ihm Dionysios, dass das Schwert die ständigen Gefahren symbolisieren sollte, die einem König drohten. Schließlich riefen Reichtum und Macht zahlreiche Feinde auf den Plan, wodurch sich ein Herrscher seines Lebens nie sicher sein konnte. Damokles musste daraufhin einsehen, dass ein Dasein als König auch seine Schattenseiten hatte.

Im Gegensatz zu Herkules oder Tantalus ist Damokles keine griechische Sagengestalt. Vielmehr kann man die besagte Geschichte als eine Legende oder Lehrgeschichte aus dem antiken Griechenland bezeichnen. Diese hat möglicherweise sogar einen wahren Kern. Demnach könnte Damokles in der ersten Hälfte des 4. Jahrhunderts vor Christus in Syrakus auf Sizilien gelebt haben. Der Herrscher, mit dem er es zu tun hatte, war Dionysios I. oder II. Doch ob es den neidischen Günstling nun gab oder nicht – das Damokles-Schwert zählt heute zu den bekanntesten Geschichten aus dem Griechenland der Antike und hat sprichwörtlichen Charakter.

Natürlich wäre die Damokles-Parabel prädestiniert dazu, dem Neid auf die Macht und die hohen Gehälter von Top-Managern zu begegnen. Wer in seinem Job viel Geld verdient, so die mögliche Interpretation, trägt auch viel Verantwortung. In diesem Sinne wird die besagte Geschichte jedoch so gut wie nie verwendet. Stattdessen ist das Damokles-Schwert heute ein beliebtes Symbol für eine latente Bedrohung, die jederzeit zu einer Katastrophe werden kann. Wenn beispielsweise ein Unternehmen zu einem großen Teil von einem einzigen Kunden abhängig ist, dann ist ein möglicher Rückzug dieses Kunden ein typisches Damokles-Schwert. Als Manager sollten Sie daher auf eines achten: Ihre Kundenbeziehungen sollten nicht an einem Rosshaar hängen.

*Das an einem Pferdehaar befestigte Schwert über seinem Kopf zeigt Damokles, dass auch ein König kein sorgenfreies Leben hat.*

# 32. Den Rubikon überschreiten

Orte wie Stratford-upon-Avon, Lockerbie oder Tschernobyl haben geografisch keine große Bedeutung. Da jedoch jeweils ein Ereignis von weltgeschichtlicher Bedeutung mit ihnen verknüpft ist, ist ihr Bekanntheitsgrad ausgesprochen hoch. Ein antiker Ort mit ähnlichen Eigenschaften ist der italienische Fluss Rubikon. Von seiner Quelle nahe Florenz bis zur Mündung ins Mittelmeer misst dieser gerade einmal 29 Kilometer – kein Fall für den Geografieunterricht also. Durch eine historische Begebenheit aus dem Jahr 49 v. Chr. ist der Rubikon dennoch einer der bekanntesten Flüsse Italiens und obendrein der einzige, aus dem eine deutsche Redewendung hervorgegangen ist.

Eine wichtige Rolle spielte der Rubikon schon vor dem Jahr 49 v. Chr. Er war der Grenzfluss zwischen der römischen Provinz Gallia cisalpina und dem eigentlichen Italien, in dem die Hauptstadt Rom lag. Wenn ein feindliches Heer den Rubikon überschritt, dann betrachteten die Römer dies als Kriegserklärung. Als Julius Cäsar zu Beginn des Jahres 49 v. Chr. mit seinen Truppen aus Gallien zurückkehrte, beschloss der römische Senat, dass der siegreiche Feldherr seine Soldaten entlassen müsse. Cäsar widersetzte sich jedoch dieser Anweisung. Am 10. Januar 49 v. Chr. überschritt er mit seinem Heer den Rubikon. Dies markierte den Anfang des römischen Bürgerkriegs, in dem Cäsar gegen Pompejus kämpfte. Mit diesem hatte er zuvor unter Mitwirkung von Crassus das erste Triumvirat gebildet. Cäsar gewann das Duell und stieg zum Quasi-Kaiser des Römischen Reichs auf.

Seit Cäsars Staatsstreich bedeutet der Ausdruck „den Rubikon überschreiten" das Treffen einer riskanten, nicht revidierbaren Entscheidung. Gerade im Manager-Alltag ist dies eine sehr brauchbare Redewendung. Wenn Sie etwa eine Investition getätigt oder ein neues Produkt auf den Markt gebracht haben, gibt es erst einmal kein Zurück – der Rubikon ist überschritten. Sollten einmal Zweifel an einer riskanten Entscheidung von Ihnen aufkommen, dann können Sie Ihre Kritiker auf Julius Cäsar verweisen. Dieser wäre eine Nebenfigur der Weltgeschichte geblieben, wenn er das Überqueren des Grenzflusses nicht gewagt hätte.

Cäsars Überschreiten des Rubikon ist ein historisch gesichertes Ereignis. Weniger gesichert ist dagegen der berühmte Ausspruch, den Cäsar bei dieser Gelegenheit getätigt haben soll: „Alea iacta est!". Dabei handelt es sich zwar ursprünglich um das Zitat eines griechischen Dichters, doch es ist heute untrennbar mit Cäsar verbunden. Übersetzt wird dieser Spruch meist mit „der Würfel ist gefallen". Dies stimmt jedoch nicht ganz, da ein gefallener Würfel impliziert, dass es sich um einen bereits abgeschlossenen Vorgang handelt. Dies war jedoch beim Überschreiten des Rubikon sicherlich nicht der Fall. „iacta" bedeutet auch nicht „gefallen", sondern „geworfen". Eine passende Übersetzung des Zitats lautet daher: „Der Würfel ist geworfen". Dabei gilt die Annahme, dass das Ergebnis des Wurfs noch offen ist. Sinngemäß übersetzt heißt dieser Spruch: „Das Wagnis ist eingegangen." Das Zitat „alea iacta est" steht damit für ein Risiko, das jemand eingegangen ist, ohne dass die Konsequenzen bislang eingetreten sind – also sprichwörtlich für eine Überschreitung des Rubikon.

# 33. Heureka

Es ist eine der bekanntesten Anekdoten der Wissenschaftsgeschichte: Der geniale Mathematiker und Erfinder Archimedes setzt sich in eine Badewanne und sieht, wie der Wasserspiegel steigt. Just in diesem Moment fällt ihm die Lösung eines Problems ein, das ihn seit langem beschäftigt. Voller Freude rennt er nackt auf die Straße und ruft dabei immer wieder: „Heureka!" („Ich hab's gefunden!"). Als Erbe dieser Episode wurde „Heureka" zum geflügelten Wort für erfolgreiche Problemlöser.

Ob sich die besagte Szene tatsächlich so abgespielt hat, lässt sich heute nicht mehr überprüfen. Der Legende nach war es jedenfalls ein Problem aus dem Wirtschaftsleben, das Archimedes beim Baden beschäftigte. Der kluge Wissenschaftler, der in Syrakus auf Sizilien lebte, sollte im Auftrag eines Herrschers überprüfen, ob dessen Krone aus massivem Gold bestand. Der Regent verdächtigte nämlich seinen Goldschmied, ein weniger edles Metall eingeschmolzen zu haben, um einen Teil des Goldes für sich zu behalten. Natürlich durfte die Krone bei der Untersuchung nicht beschädigt werden. Die Idee, die Archimedes beim Baden kam, sah vor, dass die Krone in Wasser getaucht wurde. Hätte sie dabei dieselbe Menge an Flüssigkeit verdrängt wie ein gleichschweres Stück Gold, dann wäre kein anderes Metall darin enthalten gewesen. Dies war jedoch nicht der Fall, und so wurde der Goldschmied als Betrüger entlarvt. Noch heute spricht man im Zusammenhang mit der Wasserverdrängung vom „Archimedischen Prinzip". Vermutlich kennen Sie dieses noch aus dem Physik-Unterricht.

Wer als Manager ab und zu über schwierigen Problemen brütet, kann Archimedes' Heureka-Reaktion sicherlich nachvollziehen. „Heureka!" ist daher auch in der Wirtschaft ein beliebter Jubelschrei bei Geistesblitzen. Die positiven Assoziationen, die dieses Wort hervorruft, haben dazu geführt, dass „Heureka" bzw.

die englische Form „Eureka" zudem zu einer beliebten Bezeichnung für unterschiedlichste Dinge geworden ist. In den USA gibt es beispielsweise mehrere Städte, die Eureka heißen. Der Vorläufer des Fernsehsenders ProSieben hieß „Eureka TV", und eine europäische Forschungsbehörde trägt den Namen „EUREKA".

Archimedes hatte in seinem Leben übrigens des Öfteren Grund dazu, „Heureka" zu rufen. Er war nämlich ein vielseitiger Erfinder. Unter anderem wird ihm die Entwicklung des Flaschenzugs zugeschrieben. Außerdem soll er die nach ihm benannte archimedische Schraube erfunden haben, mit der noch heute Flüssigkeiten entgegen der Schwerkraft transportiert werden. Außerdem hat Archimedes der Überlieferung nach zahlreiche Kriegsmaschinen erfunden, die den Römern zu schaffen machten, als sie Syrakus belagerten. Letztendlich nutzten diese Geräte jedoch nichts, denn im Jahr 212 konnten die Angreifer die sizilianische Stadt unterwerfen. Seine letzten Worte sprach Archimedes der Legende nach, als ein römischer Soldat bei der Einnahme von Syrakus an ihn herantrat. Er war gerade in ein mathematisches Problem vertieft und bekam nicht mit, was sich um ihn herum abspielte. „Störe meine Kreise nicht!", rief Archimedes dem Soldaten entgegen. Daraufhin wurde er von diesem getötet.

# 34. Kassandra-Rufe

Manchmal braucht ein Manager einen Pessimisten, der ihn aus seinen hochfliegenden Plänen reißt und auf den Boden der Tatsachen zurückholt. So gesehen ist es recht nützlich, dass es in der griechischen Sagenwelt eine Priesterin namens Kassandra gab, die man als den personifizierten Pessimismus bezeichnen kann. Wer sich jedoch unter einer Berufspessimistin ein altes, hexenähnliches Wesen vorstellt, liegt falsch. Im Gegenteil, die junge Kassandra war so attraktiv, dass sich der Gott Apollon in sie verliebte. Um seine Angebetete gnädig zu stimmen, gab er ihr sogar die Fähigkeit, die Zukunft vorherzusagen.

Doch Kassandra ließ den Gott abblitzen. Diese Schmach konnte Apollon zwar nicht so einfach auf sich sitzen lassen, doch ihre Wahrsagekraft konnte er Kassandra nicht mehr nehmen. Daher verfluchte er die Schöne derart, dass diese nur noch Böses vorhersehen konnte und dass niemand mehr ihre Vorhersagen glaubte. In der Tat wurde Kassandra von nun an für ihre negativen Prophezeiungen belächelt, obwohl sie damit am Ende immer Recht behielt. So warnte Kassandra die Trojaner nach dem vermeintlichen Abzug der Griechen vor dem Trojanischen Pferd. Obwohl sie in ihrer Vorahnung vom Priester Laokoon unterstützt wurde, wirkte Apollons Fluch, und so glaubte ihr niemand. Das Ende dieser Geschichte ist bekannt.

Im heutigen Wirtschaftsleben muss sich so mancher Manager den Vorwurf gefallen lassen, sich als Kassandra aufzuspielen, wenn er pessimistische Aussagen macht. Als „Kassandra-Ruf" bezeichnet man interessanterweise meist eine übertriebene oder unangebrachte Warnung, und oft ist der Ausdruck spöttisch gemeint. Dabei müssten doch nicht nur Mythologie-Kenner wissen, dass Kassandra mit ihren Schreckensszenarien am Ende immer Recht behielt.

Übrigens war auch das weitere Schicksal Kassandras wenig beneidenswert. Nach der von ihr vorhergesehenen Eroberung Trojas wurde sie vom lokrischen Krieger Ajax vergewaltigt und anschließend von dem Mykener Agamemnon als Konkubine versklavt. Ihrem Meister gebar sie zwei Söhne, bevor dieser von seiner Frau und einem Nebenbuhler ermordet wurde. Kassandra selbst fiel diesem Anschlag ebenfalls zum Opfer. Natürlich hatte sie dieses Unheil vorhergesehen und die Betroffenen gewarnt. Doch niemand hatte ihr geglaubt.

*Kassandra konnte die Zukunft vorhersehen. Immer wieder warnte sie ihre Mitmenschen, doch niemand glaubte ihr.*

# 35. Veni vidi vici

Wirklich große Zitate kommen mit wenigen Wörtern aus. Man denke nur an „Ich bin ein Berliner", „Ich habe einen Traum", „Ich bin der Größte" oder „Der Ball ist rund". Diese Sätze klingen wie Donnerschläge in der heutigen Informationsflut, und obwohl sie jeweils nur aus vier Wörtern bestehen, kann sie jeder sofort dem passenden Urheber zuordnen. Gerade weil diese Zitate nur ein Minimum an Informationen enthalten, ist ihre Bedeutung von großer Tragweite.

Die lateinische Sprache, die keine Artikel kennt und Personalpronomen vermeidet, ist für Donnerschlag-Zitate geradezu prädestiniert. Sprüche wie „veri amici rari" („Wahre Freunde sind selten"), „parva domus, parva cura" (etwa: „Wer wenig besitzt, muss sich wenig Sorgen machen") oder „cogito ergo sum" („Ich denke, also bin ich") klingen in ihrem Original deutlich eleganter als in der deutschen Übersetzung. Dies ist sicherlich einer der Gründe dafür, dass uns heute noch unzählige lateinische Zitate geläufig sind.

Der bekannteste lateinische Ausspruch mit Donnerschlag-Qualität stammt von Julius Cäsar und lautet: „veni vidi vici" („Ich kam, sah und siegte"). Obwohl dieser Satz nur aus drei Wörtern besteht, ist er eine stilistische Fundgrube. Es handelt sich um eine Alliteration (mehrere Wörter in Folge mit gleichem Anfangsbuchstaben), eine Klimax (Steigerung der Ausdrucksmittel innerhalb eines Satzes) und eine Lakonie (Ausdrucksweise ohne schmückende Elemente). Dass hierbei drei ähnlich klingende Zweisilber hintereinander stehen, verleiht dem Ausspruch zusätzliche Eleganz.

Obwohl Cäsar nicht gerade als schreibfaul galt, ist kein von ihm verfasster Text überliefert, in dem die Worte „veni vidi vici" vorkommen. Trotzdem ist dieser Spruch als Cäsar-Zitat b-elegt, und zwar durch die beiden Geschichtsschreiber Plutarch und Sueton. Anlass für die berühmten drei Worte, die im Jahr im Jahr 47 v. Chr. fielen, war ein unerwartet schneller Sieg Cäsars in der Schlacht bei Zela während dessen Feldzugs gegen die Region Pontus in der heutigen Türkei. „Veni vidi vici" soll im Rahmen von Cäsars Bericht über diese Tat im Senat gefallen sein.

Für den Manager von heute ist „veni vidi vici" ein probates Mittel, um auf einen auf leichte Weise errungenen Erfolg hinzuweisen. Aus dem Angeberlatein ist dieses Zitat kaum wegzudenken. Wenn Sie es gebrauchen, dann betonen Sie damit erstens Ihre Klasse, zweitens Ihre Lateinkenntnisse und drittens Ihre Seelenverwandtschaft mit Julius Cäsar – was wollen Sie mehr? Ihren Mitarbeitern zuliebe sollten Sie sich am besten gleich noch die Mehrzahl dieses Zitats merken: „venimus, vidimus, vicimus" („Wir kamen, sahen und siegten").

Noch beliebter ist „veni vidi vici" als Basis für Wortspiele. „Ich kam, sah und hatte den Auftrag" klingt überzeugend und lässt das Original noch klar erkennen. Ähnlich verhält es sich mit „Ich kam, sah und wusste Bescheid". Oder wie wäre es mit „Wir werden gehen, sehen und kriegen"? Bleibt für Ihre weitere Manager-Karriere zu hoffen, dass Sie noch oft kommen, sehen und siegen werden.

# 36. Tragödien und Komödien

Die Alten Griechen liebten das Theater. Wer schon einmal die Überreste des Dionysos-Theaters unweit der Akropolis in Athen gesehen hat, kann sich gut vorstellen, wie das Publikum hier vor zweieinhalb Jahrtausenden die Stücke von Aischylos, Sophokles und Euripides verfolgte. Diese und einige weitere Dichter waren es, die dem griechischen Theater ein hohes literarisches Niveau verliehen. Die Römer erreichten dieses erst Jahrhunderte später und unter tätiger Mithilfe der zwischenzeitlich von ihnen unterworfenen Griechen. Griechische Theaterstücke waren – wie die gesamte griechische Kultur – in Rom zeitweise sehr populär.

Schon die alten Griechen teilten Theaterstücke (Dramen) in zwei Klassen ein, die im Wesentlichen heute noch gültig sind. Hatte ein Drama einen heiteren Inhalt, dann galt es als Komödie (Lustspiel), andernfalls handelte es sich um eine Tragödie (Trauerspiel). Üblich war es damals, ein Drama in fünf Akte aufzuteilen, die jeweils eine bestimmte Funktion in Bezug auf die Handlung hatten. Der erste Akt hieß Exposition und führte in das Thema ein. Danach kam die Komplikation, bevor das Stück in der Peripetie, die als dritter Akt folgte, seinen Höhepunkt erlebte. In der Retardation kam noch einmal eine Verzögerung in den Ablauf, woraufhin das Drama schließlich in der Lyse endete. Diese Aufteilung ist heute noch als klassisches Drama bekannt.

Für den Manager ist vor allem interessant, dass die Begriffe Drama, Komödie und Tragödie bis heute in unserer Sprache präsent sind. Die geringste Bedeutung hat davon sicherlich die Komödie. Eine lustige oder peinliche Begebenheit bezeichnet man in der Regel als Lachnummer oder als Witz – das Wort „Komödie" hört man in dieser Bedeutung dagegen nie. Vielleicht liegt das ja daran, dass man im harten Manager-Alltag ohnehin wenig zu lachen hat.

Viel gebräuchlicher ist im Gegensatz dazu der Begriff „Drama". Ausrufe wie „das ist ein Drama" oder „das ist dramatisch" gehen vermutlich jedem Manager mühelos über die Lippen. Allerdings hat das Drama in diesem Fall eher eine ernste Bedeutung, und niemand käme – entgegen der ursprünglichen Bedeutung des Wortes – auf die Idee, etwas „Dramatisches" als Komödie aufzufassen. Ob der Grund dafür erneut in der Ernsthaftigkeit des Manager-Lebens liegt?

Während die lustige Seite des griechischen Theaters in der heutigen Umgangssprache also ausgeblendet wird, ist die Tragödie allgegenwärtig. „Das ist eine Tragödie" rufen vermutlich auch Sie ab und zu, wenn Sie etwa an den Verlauf des letzten Projekts oder die aktuellen Quartalszahlen denken. Dabei schwingt natürlich mit, dass in der klassischen Tragödie stets die Götter ihre Finger im Spiel hatten. Sie warfen dem Helden Knüppel zwischen die Beine und stürzten diesen oft in ein Elend, das er gar nicht verdient hatte – genauso wenig, wie Sie das sich abzeichnende Debakel verdient haben. Wenn dagegen irgendwelche dramatischen Ereignisse nicht bei Ihnen, sondern bei der Konkurrenz auftauchen, dann sollten Sie lieber einen deutschen Ausdruck wählen, der sehr viel weniger heldenhaft klingt. Sagen Sie einfach: „Das ist ein Trauerspiel!"

# Manager-Alltag

## 37. Prokrustes-Bett

Der griechische Sagenheld Prokrustes, seines Zeichens Riese und Sohn des Poseidon, hatte einen wenig ehrbaren Beruf: Er war Wegelagerer. An der Straße von Eleusis nach Athen bot er arglosen Reisenden eine Unterkunft an. Nahm ein Wanderer die Einladung an, dann fand er sich umgehend gefesselt auf einem Eisenbett liegen. Handelte es sich um einen großen Menschen, dann gab ihm Prokrustes ein kleines Bett und hackte ihm die Füße ab, damit der arme Kerl hineinpasste. War der Gast dagegen klein, dann legte ihn der Riese in ein großes Bett und zog ihn gewaltsam in die Länge. Am Ende sorgte jedoch Theseus – ebenfalls ein Sohn des Poseidon – dafür, dass Prokrustes das Handwerk gelegt wurde. Er schlug seinen Halbbruder mit dessen eigenen Waffen: Er legte Prokrustes in ein zu kleines Bett und haute ihm den Kopf ab.

Viel mehr als das Gesagte gibt es über Prokrustes nicht zu berichten, denn dieser spielt in der griechischen Mythologie nur eine Nebenrolle. Dennoch gehört das „Prokrustes-Bett" zu den bekanntesten Gegenständen aus der antiken Sagenwelt – bis heute ist es als Redewendung in Gebrauch. Als „Prokrustes-Bett" bezeichnet man eine Vorrichtung, die irgendwelche Dinge bearbeitet und keine Rücksicht darauf nimmt, dass diese unterschiedlich beschaffen sein können. Mit dem Satz „Was nicht passt, wird passend gemacht" lässt sich die Funktionsweise eines Prokrustes-Betts am besten beschreiben. Oder anders ausgedrückt: Ein Prokrustes-Bett schert alles über einen Kamm.

In der Bildungspolitik ist das Prokrustes-Bett eine beliebte Argumentationshilfe für die Befürworter eines mehrgliedrigen Schulsystems. Es ergebe keinen Sinn, so deren Argumentation, Kinder in ein Prokrustes-Bett namens Gesamtschule zu stecken. Die Gegenpartei hält normalerweise dagegen, dass die Gesamtschule gerade kein Prokrustes-Bett sei, da sie sich den Bedürfnissen der Schüler anpasse.

In der Wirtschaft ist ein Prokrustes-Bett ein wirkungsvoller Ideenkiller, wenn jemand versucht, etwas zu vereinheitlichen. Nehmen wir etwa an, einer Ihrer Kollegen schlägt den unternehmensweiten Einsatz eines bestimmten Computer-Programms vor, um den bisherigen Wildwuchs – jede Abteilung setzt etwas anderes ein – zu beenden. Wenn Sie etwas gegen diese eigentlich sinnvolle Maßnahme haben, dann sollten Sie wie folgt argumentieren: „Ich halte nichts davon, für diese Aufgabe ein Prokrustes-Bett in Form der Software XY einzusetzen. Schließlich hat jede Abteilung andere Anforderungen." Wer mag angesichts dieses gebildet klingenden Einwands noch widersprechen?

Ähnliche Gegenargumente funktionieren natürlich auch, wenn irgendwelche Erbsenzähler im Unternehmen Prozesse oder Strukturen einheitlich gestalten wollen. Wollen Sie Ihre Einwände rhetorisch auf die Spitze treiben, dann hilft vielleicht ein Hinweis wie der folgende: „Diese Gleichmacherei erinnert mich an das Prokrustes-Bett. Und Prokrustes wurde am Ende der Kopf abgeschlagen."

Zählen Sie dagegen zu den Unterstützern einer Vereinheitlichung, dann müssen Sie ohne die mythologische Hilfe auskommen. Das geht dann etwa so: „Es geht hier nicht darum, ein Prokrustes-Bett namens XY aufzustellen. Vielmehr will ich verhindern, dass für jede Abteilung eine Extrawurst gebraten wird."

# 38. Spartanisch

Unter den zahlreichen Mächten der Antike gelten die Spartaner bis heute als Besonderheit. Auf seinem Höhepunkt – im 5. Jahrhundert v. Chr. – war Sparta der mächtigste Staat im antiken Griechenland, und die spartanische Armee zählte zu den besten der Welt. Im Peloponnesischen Krieg führten die Spartaner ihre Bündnispartner zu einem überlegenen Sieg gegen das damals sehr mächtige Athen. Auch gegen die Perser, den Dauer-Widersacher der Griechen, leistete das kleine Sparta heldenhaften Widerstand. Gerade einmal 300 Spartaner und einige tausend Verbündete reichten aus, um in der berühmten Schlacht am Thermopylen-Pass eine persische Streitmacht von 150.000 Mann deutlich zu schwächen. Alle der beteiligten Spartaner kämpften bis in den Tod.

Wie man sich denken kann, war das antike Sparta nichts für Empfindliche. Auf Basis von Gesetzen, die im 8. Jahrhundert v. Chr. ein gewisser Lykurgos erlassen hatte, gab es bei den Spartanern eine Mehrklassen-Gesellschaft, in der selbst die Oberschicht einen simplen und militärisch geprägten Lebensstil pflegte. Schon kleine Kinder wurden mit großer Härte für spätere Aufgaben vorbereitet. Auspeitschen oder das Baden in eiskaltem Wasser zählten zu den Methoden der damaligen Pädagogik. Schwächlinge wurden im Gebirge ausgesetzt, wo sie verhungerten. Die Erwachsenen hatten sich einfach zu kleiden und mussten barfuß laufen. Die Männer der Oberschicht verbrachten ihren Tag mit militärischen Übungen und sorgten damit für die große Stärke des spartanischen Heers. Die kulinarische Spezialität der Spartaner war die so genannte „Schwarze Suppe", die aus Schweineblut hergestellt wurde. Wie die Chronisten berichten, schmeckte die blutige Brühe nur dann, wenn man sich zuvor bei einer der berüchtigten spartanischen Militärübungen verausgabt hatte.

Der schlichte und harte Lebensstil der Spartaner hat in Form des Worts „spartanisch“ in der deutschen Sprache seine Spuren hinterlassen. Das Adjektiv bedeutet etwa „schlicht“, „karg“ oder „asketisch“. In der Wirtschaft ist der Ausdruck „spartanisch“ erstaunlich oft angebracht. Denn neben zahlreichen dekadenten Firmenbossen gibt es durchaus auch solche, die einen spartanischen Lebensstil pflegen. Die beiden Aldi-Gründer Karl und Theo Albrecht sind genauso Beispiele dafür wie der Elektronik-Unternehmer Robert Bosch. Letzterem wird nachgesagt, er habe einst angesichts einer am Boden liegenden Büroklammer geschimpft: „Hier liegt mein Geld am Boden herum!“ Und wer kennt nicht die Comic-Figur Dagobert Duck, die als Parodie auf derartige Unternehmer-Patriarchen konzipiert ist? Onkel Dagobert schwimmt buchstäblich im Geld und führt dennoch ein Leben, das spartanischer nicht sein könnte.

Spartanisch zählte auch zu den Attributen, die die Presse mit dem kometenhaften Aufstieg der Internet-Suchmaschine Google in Verbindung brachte. Es gab kaum einen Testbericht, der nicht auf das spartanische Web-Seiten-Design von Google hinwies, das durch diese Eigenschaft übersichtlich wirkte und nur eine geringe Ladezeit erforderte. Die Google-Seite enthält bis heute nur sehr wenig Grafik und Text – die Spartaner hätten ihre helle Freude daran gehabt.

# 39. Hannibal ante Portas

Es gab wohl keine andere Person, die bei den Römern so viel Angst und Schrecken verbreitete, wie der karthagische Feldherr Hannibal (247-183 v. Chr.). Der Eroberungszug des genialen Heerführers wurde zum letzten großen Prüfstein für die Römer bei ihrem Aufstieg zur Großmacht. Vermutlich klang Hannibals Name in den Ohren der Menschen damals noch wesentlich bedrohlicher als heute der von Osama bin Laden.

Seine ersten Scharmützel mit den Römern lieferte sich Hannibal in Spanien, wo sowohl Rom als auch Karthago die Ureinwohner zu unterwerfen versuchten. Als die Römer den Karthagern schließlich den Krieg erklärten, machte sich Hannibal mit einem Heer von über 50.000 Mann auf den Weg nach Italien. Seine dazu notwendige Überquerung der Alpen – mit mehreren Dutzend Kriegselefanten im Tross – ging in die Geschichtsbücher ein. In Italien konnte Hannibal einige römische Bundesgenossen auf seine Seite ziehen und die Römer in mehreren Schlachten besiegen.

Angesichts dieser Erfolge drohte Hannibal nun sogar, in Rom einzufallen. Hierbei kam es zwar nur zu einem Scheinangriff, doch dieser sorgte unter den Einwohnern Roms für großen Aufruhr. „Hannibal ad portas!“ ("Hannibal steht an den Toren") hieß der Spruch, der in der Stadt die Runde machte. Grammatikalisch korrekter heißt es heute meist „Hannibal ante portas“ ("Hannibal steht vor den Toren"). Die Römer kamen jedoch mit dem Schrecken davon, denn letztendlich erschien dem Karthager-Feldherrn ein Angriff auf Rom zu riskant. Zudem gingen die römischen Truppen nach den anfänglichen Niederlagen nun deutlich geschickter zu Werke, wodurch Hannibals Heer fernab der Heimat immer mehr geschwächt wurde.

Als die Römer schließlich ihrerseits einen Angriff auf Karthago starteten, blieb Hannibal nichts anderes übrig, als seinen Eroberungszug abzubrechen und in seine Heimat zurückzukehren. Obwohl der kriegsmüde Feldherr bei seiner Ankunft noch eine weitere schwere militärische Niederlage gegen die römische Armee erlebte, war seine Zeit noch nicht zu Ende. Er konnte sogar eine beachtliche Karriere als Staatsmann starten, bei der er dazu beitrug, dass sich Karthago schnell vom Kampf gegen die Römer erholte. Seine Mitbürger dankten ihm dies jedoch nicht und schickten ihn ins Exil, wo er 183 v. Chr. starb.

Angesichts der überragenden Fähigkeiten Hannibals muss man bedauern, dass dieser auf dem Schlachtfeld aktiv war – und nicht etwa in der Wirtschaft von heute, wo er zweifellos auch Karriere gemacht hätte. Unabhängig davon ist „Hannibal ante portas" zu einem geflügelten Wort geworden, und dies nicht erst, seitdem Loriot diesen Satz zum Titel seines Films „Pappa ante Portas" verballhornt hat. Noch heute ruft so mancher „Hannibal ante portas", wenn eine große Gefahr droht. Man denke etwa an eine kleine Firma, die vor der Übernahme durch ein großes Unternehmen steht.

Noch interessanter – vor allem für Manager – ist ein weiteres Zitat, das mit Hannibal zu tun hat. Ein General soll zu dem erfolgreichen Feldherrn gesagt haben: „Du verstehst zu siegen, Hannibal. Doch den Sieg zu nutzen, verstehst Du nicht!"

# 40. Wie ein Cerberus wachen

Kein diesseitiger Wachhund kann es mit Cerberus aufnehmen, jenem Furcht erregenden Fabeltier aus der griechischen Sage. Cerberus hatte die Aufgabe, den Eingang zum Reich der Toten zu bewachen und stand damit in den Diensten des Gottes Hades. Die Chronisten lassen keine Grauenhaftigkeit aus, um den mythologischen Wachhund möglichst schauderhaft erscheinen zu lassen. Meist wird Cerberus dreiköpfig dargestellt, andere Quellen berichten sogar von 50 Köpfen. Sein Schwanz hatte die Gestalt einer Schlange, auf dem Rücken trug er mehrere Schlangenköpfe. Wagte ein Toter einen Ausbruchsversuch aus der Unterwelt, dann packte ihn Cerberus und zerrte ihn unter großen Schmerzen ins Jenseits zurück.

Trotz aller Furcht, die Cerberus einflößte, gelang es mehreren Sagenhelden, den Höllenhund zu überlisten. Orpheus bezauberte Cerberus mit seinem Gesang, als er auf der Suche nach Eurydike in die Unterwelt hinabstieg, und konnte ihn so außer Gefecht setzen. Herkules gelang es sogar, Cerberus im Zweikampf zu besiegen und ihn gefesselt zu seinem Auftraggeber Eurystheus zu bringen. Mit Erledigung dieser zwölften Aufgabe hatte Herkules den Mord an seiner Familie gesühnt und erlangte obendrein die Unsterblichkeit.

Offensichtlich übt die Figur des Cerberus noch heute einen großen Eindruck auf die Menschen aus. Redensartlich wacht jemand „wie ein Cerberus“, wenn er eine Sache nicht aus den Augen lässt und sie bei Bedarf mit Zähnen und Klauen verteidigt. Im Spanischen gibt es sogar den Ausdruck „cerbero“ für einen Fußball-Torhüter. Darüber hinaus erfreut sich der griechische Höllenhund als Namenspate für alles, was eine Wachposition einnimmt, großer Beliebtheit. Dies gilt auch für den Wirtschafts-Bereich, wo es bekanntlich vieles zu bewachen gilt. So ist eine Investment-Gesellschaft namens Cerberus Capital Management aktiv, die ihrem Namen nach besonders sorgfältig auf die Gelder ihrer Investoren aufpasst. In der Computer-Branche trägt ein Software-Programm den Namen „Kerberos“, das in einem Computer-Netz wie ein Cerberus über den Zugriff auf bestimmte Ressourcen wacht.

*So einen Wachhund gibt es nur in der Sage: Cerberus mit Hades.*

# 41. Sieben Weltwunder

Ist es in Ihrem Berufsleben schon einmal vorgekommen, dass ein Projekt abgeschlossen wurde, ohne dass es eine Budget-Überschreitung gab, ohne dass der Abgabetermin platzte und ohne dass Ihr Nervenkostüm beinahe kollabierte? Oder haben Sie es schon einmal erlebt, dass eine Behörde schnell und zuverlässig arbeitete, während Sie gerade dringend darauf angewiesen waren? Wenn ja, dann haben Sie sicherlich auch schon einmal geseufzt: „Das ist ja das achte Weltwunder!“

Die Weltwunder Nummer 1 bis 7 gab es bereits in der Antike. Der Schriftsteller Antipatros von Sidon veröffentlichte im 2. Jahrhundert v. Chr. die erste erhalten gebliebene Liste. Es handelt sich dabei um einen Auszug aus einem Reiseführer durch die damals bekannte Welt, in dem die sieben herausragenden Bauwerke beschrieben wurden. Alle sieben Weltwunder befanden sich im Mittelmeerraum, also im Einflussbereich der griechischen Kultur.

Das einzige Weltwunder, das heute noch zu besichtigen ist, sind die Pyramiden von Gizeh in Ägypten. Die anderen sechs Wunder-Bauwerke wurden zwischenzeitlich zerstört oder sie zerfielen – darunter mit dem Koloss von Rhodos auch das zweitbekannteste Monument auf der Wunderliste. Die fünf verbleibenden Vertreter waren die hängenden Gärten der Semiramis in Babylon, das Grab des Königs Mausolos II. (dieses prägte den Begriff „Mausoleum“), der Leuchtturm auf der Insel Pharos vor Alexandria, die Zeus-Statue des Bildhauers Phidias in Olympia sowie der Artemis-Tempel in Ephesos.

Aus einer Betrachtung der sieben Weltwunder der Antike können wir zwei für die Wirtschaft interessante Schlüsse ziehen: Zum einen kann ein Wunder damals wie heute nur kurz wären – als der Koloss von Rhodos um 225 einem Erdbeben zum Opfer fiel, hatte er nur etwa 70 Jahre gestanden. Zum anderen kann man auch durch die Zerstörung eines Wunders berühmt werden. Dies zeigte ein Brandstifter namens Herostrat, als er im Jahr 356 v. Chr. (angeblich in der Nacht vor der Geburt Alexanders dem Großen) ein Feuer im Tempel der Artemis in Ephesos legte. Das Weltwunder ging in Flammen auf und wurde völlig zerstört. Obwohl oder gerade weil die Stadtväter anschließend die Nennung des Namens Herostrat unter Strafe stellten, wissen wir bis heute, wie der Feuerteufel hieß.

Im Laufe der Jahrhunderte änderte sich die Zusammensetzung der Liste der Weltwunder, wobei der jeweilige Urheber der Zusammenstellung oft seinem Geschmack freien Lauf ließ. Die Zahl sieben blieb jedoch immer erhalten. In den letzten Jahrzehnten machten sich zudem verschiedene Autoren daran, die sieben Weltwunder der Moderne, die sieben Weltwunder der Natur oder sonstige Weltwunder-Listen zu konzipieren.

Natürlich entdeckte auch die Werbe-Branche die Faszination der Weltwunder. Als achtes Weltwunder wurden unter anderem die Londoner Themse-Flutwehre (Thames-Barrier), der Kinofilm „King Kong" und das Opernhaus in Sidney beworben. Aber natürlich ist das alles nichts gegenüber einem echten Wunder, wie dem besagten Projekt, das termingerecht und ohne Überschreitung des Budgets und ohne ruinierte Nerven …

# 42. Brett des Karneades

Die Alten Griechen sind nicht nur für Manager eine interessante Inspirationsquelle, sondern auch für Juristen. Es gibt sogar ein juristisches Problem, das nach einem griechischen Gelehrten benannt ist: das „Brett des Karneades“. Der Namensgeber dieses Gedankenexperiments war Philosoph und wirkte im zweiten Jahrhundert v. Chr. in Athen. Er war beim großen Diogenes („Diogenes in der Tonne“) in die Lehre gegangen war.

Dem Brett des Karneades liegt folgende Parabel zu Grunde: Zwei Männer erleiden Schiffbruch und bekommen im Meer schwimmend ein Brett zu fassen. Das Brett ist jedoch so klein, dass es nur einer Person das Überleben sichern kann, während der anderen der Tod durch Ertrinken droht. Wie sollen sich die beiden Männer in dieser Situation verhalten? Ist es für sie zulässig, dem jeweils anderen das Brett zu entreißen, um das eigene Leben zu retten? Oder gebietet es der Anstand, dem Gegenüber das Brett zu überlassen, auch wenn dies für einen selbst den Tod bedeutet? Oder gibt es anerkannte Kriterien (man denke etwa an den bekannten Grundsatz „Frauen und Kinder zuerst“), nach denen die Betroffenen gemeinsam entscheiden müssen, wer von ihnen überleben darf?

Das Brett das Karneades beschäftigt schon seit Jahrhunderten Ethik- und Rechts-Experten. Die meisten davon kamen zum Schluss, dass der eine Schiffbrüchige nicht dafür bestraft werden darf, dass er dem anderen das Brett mit Gewalt wegnimmt. Ein lateinisches Sprichwort sieht es ähnlich: „Necessitas non habet legem“ („Die Not hat kein Gebot“). Dieser Argumentation folgt im Wesentlichen auch der Gesetzgeber. Nach dem deutschen Strafgesetzbuch ist im beschriebenen Szenario zwar der Tatbestand des Totschlag erfüllt, wenn der eine dem anderen das Brett entreißt. Allerdings ist zusätzlich ein so genannter

„entschuldigender Notstand“ gegeben, der dazu führt, dass der Täter nicht bestraft werden darf.

Natürlich ist die besagte Schiffbrüchigen-Geschichte nur als Beispiel zu sehen. Sie steht ganz allgemein für eine Notsituation, in der zwar geeignete Hilfsmittel zur Verfügung stehen, jedoch nicht in ausreichender Zahl. Man denke etwa an die zahlreichen Menschen, die jahrelang auf eine Organtransplantation warten, weil es an geeigneten Spendern mangelt. Auch hier hat ein Betroffener moralisch und juristisch gesehen das Recht, eine Bevorzugung zu Ungunsten eines anderen in Anspruch zu nehmen.

In der Manager-Praxis kommt es ebenfalls eher selten vor, dass sich zwei Schiffbrüchige um ein Brett prügeln. Dafür ist das Brett des Karneades zweifellos eine schöne Geschichte, an Hand derer Sie Ihre eigenen Fairness-Maßstäbe überprüfen können. Wann etwa ist es zulässig, einen Kollegen ans Messer zu liefern, um die eigene Haut zu retten? Heiligt der Zweck jedes Mittel, wenn der Erfolg des eigenen Unternehmen auf dem Spiel steht? Da es hierbei in der Regel nicht um Leben und Tod geht, ist die rechtliche Situation eine ganz andere als im Originalfall. Neben dem Gesetzbuch gibt es dabei außerdem noch eine weitere Richtschnur: das Gewissen.

# 43. Orakel

Glaubt man dem Historiker Georges Minois, dann waren die Alten Griechen „das über die Zukunft am besten unterrichtete Volk des ganzen Altertums." In der Tat gab es in Griechenland seinerzeit Dutzende von Orakeln, die den teilweise von weit her angereisten Pilgern verrieten, was die Götter für die Zukunft geplant hatten. Die bekannteste Einrichtung dieser Art war das Orakel von Delphi, wo eine Priesterin namens Pythia ihren Dienst verrichtete. Diese saß über einer Erdspalte, aus der ein ethylenhaltiges Gas quoll. Dieses versetzte die Pythia in Trance und ließ sie unverständliche Worte murmeln, die man dem Gott Apollon zusprach. Priester hatten die Aufgabe, diese Ergüsse in halbwegs verständliche Orakelsprüche zu übersetzen. Das Orakel von Delphi war so gut frequentiert, dass an manchen Tagen die Pythien im Schichtbetrieb arbeiten mussten. Dabei kam es oftmals zu Übergriffen der Pilger auf die jungen Mädchen, die als Pythia arbeiteten. Doch die Orakel-Betreiber wussten sich zu helfen und engagierten nur noch Frauen über 50 für den Priesterinnen-Job.

Damals wie heute gab es jedoch auch Menschen, die der Wahrsage-Manie ihrer Zeitgenossen äußerst skeptisch gegenüberstanden. Der Philosoph Diogenes war einer von ihnen. Vor allem die Frage, ob sich der vermeintlich freie Wille des Menschen mit einer Vorhersagbarkeit des Lebens vereinbaren ließ, wurde in philosophischen Kreisen viel diskutiert. Trotz aller Zweifler waren sich offensichtlich auch vornehme Kreise nicht zu schade, auf Orakelsprüche zu hören. Man denke nur an König Krösus, über dessen zwiespältige Orakelerfahrung an anderer Stelle in diesem Buch berichtet wird.

Trotz seines schon in der Antike nicht gerade makellosen Rufs ist „Orakel“ auch heute noch ein gängiger Begriff. Selbst die nach Microsoft zweitgrößte Software-Firma der Welt stört sich nicht daran, „Oracle“ zu heißen. Das Internet-Portal Yahoo erklärt seinen Namen als Abkürzung für „Yet Another Hierarchical Officious Oracle“. Grund für die Namensgebung war in beiden Fällen vermutlich die Allwissenheit, die einem Orakel zugeschrieben wird. Aus demselben Grund wurden auch ein frühes Computer-Modell, ein britischer Videotext und verschiedene Zeitungen nach dem Orakel benannt. Eher als Spaß sind das Gummibärchen-Orakel (gibt es als Buch zu kaufen) und das Internet-Orakel (per Website zugänglich) zu betrachten.

Unter heutigen Managern spielen Orakel glücklicherweise keine große Rolle mehr, obwohl so mancher Unternehmens-Lenker vermutlich nur zu gern in die Zukunft blicken würde. Dafür ist das Verb „orakeln“ durchaus noch verbreitet. Jemand, der irgendwelche scheinbar weisen Worte über die Zukunft von sich gibt, die jedoch keinen wirklichen Informationsgehalt haben, der übt sich im Orakeln. Nervt Sie ein Kollege mit seinen Orakeleien, dann sollten Sie sich als Apollon-Priester betätigen und etwa folgende Worte entgegnen: „Wenn ich Ihren Orakelspruch richtig deute, dann meinen Sie …“. Auf diese Weise geben Sie höflich zu verstehen, dass Sie eine präzisere Aussage verlangen.

# 44. Sibyllinisch

Im sechsten Jahrhundert vor Christus tauchen in den griechischen Geschichtsquellen erstmals Hinweise auf Wahrsagerinnen auf, die man „Sibyllen“ nannte. Bei den wahrsagesüchtigen Griechen stießen diese offenbar auf großes Interesse, und so etablierten sich die Sibyllen neben den weit verbreiteten Orakeln als wichtige Säule der damals florierenden Zukunftsdeuter-Branche. Später ließen sich auch die Römer von den Sibyllen in ihren Bann ziehen. Die Menschen der Antike stellten sich unter einer Sibylle ein materiell nicht fassbares, altersloses, weibliches Wesen vor. Meist residierten die Sibyllen in Höhlen, doch in der Vorstellung ihrer Anhänger waren sie nicht an Ort oder Zeit gebunden. Zu den Kunden der Sibyllen des Altertums sollen auch Könige und römische Kaiser gehört haben.

Während die zahlreichen Orakel mit dem Ende des Römischen Reichs verschwanden, konnten sich die Sibyllen bis in die frühe Neuzeit halten. Vermutlich liegt dies daran, dass die Orakel eng mit der griechisch-römischen Götterwelt verbunden waren, die mit Aufkommen des Christentums ihre Bedeutung verlor. Einigen Sibyllen gelang es dagegen, ihr Wirken mit der christlichen Religion in Einklang zu bringen, was ihnen eine Zusammenarbeit mit der Kirche erlaubte. Noch im 17. Jahrhundert gab es mit der „Sibylle von Prag“ eine populäre Vertreterin ihres Stands. In Goethes Faust spricht der Teufel (Mephisto) eine Hexe mit „Sibylle“ an – offenbar nahm man es in der Zwischenzeit nicht mehr ganz so genau.

Während die Sibylle als Wahrsagerin heute keine Rolle mehr spielt, ist das Wort „Sibylle“ als weiblicher Vorname nach wie vor aktuell – teilweise auch in der Form Sibylla, Sibyl oder in anderen Schreibweisen. Die Übersetzung des Namens lautet „die Geheimnisvolle“ oder „die Rätselhafte“.

In den Duden hat es das Wort „sibyllinisch“ geschafft. Es gilt als das einzige Adjektiv der deutschen Sprache, das von einem weiblichen Vornamen abgeleitet ist. „Sibyllinisch“ bedeutet „geheimnisvoll“ oder „rätselhaft“ und bezieht sich auf das geheimnisvolle Wesen der Sibyllen sowie auf die Tatsache, dass deren Prophezeiungen seit jeher vage und nicht unmittelbar verständlich – und damit geheimnisvoll – sind. So gesehen besteht zwischen „sibyllinisch“ und „orakeln“ eine enge Verwandtschaft.

Schon so mancher Entscheidungsträger hat ein sibyllinisches Lächeln aufgesetzt, um eine konkrete Aussage zu vermeiden. Auch wenn jemand spricht, kann dies durchaus sibyllinisch klingen. Vor allem Politiker sind dafür bekannt, dass sie viel reden können, ohne damit etwas zu sagen. Gewerkschafter stehen dem offenbar in nichts nach. Dies zeigte sich, als der damalige IG-Metall-Vorsitzende Klaus Zwickel 1997 einen „differenzierten Lohnausgleich“ anregte. Anderntags schrieb die Berliner Zeitung, Zwickel habe seinen Vorschlag „sibyllinisch formuliert“. Gebildeter hätte der Verfasser des Artikels wohl kaum zu Papier bringen können, dass er nicht wusste, was denn bitteschön ein differenzierter Lohnausgleich sein sollte.

# 45. Marathon

Kennen Sie das altgriechische Wort für Fenchel? Es lautet „marathon“. Zwar denken wir heute an etwas ganz anderes, wenn wir dieses Wort hören (vor allem an den Marathonlauf), doch Sprache geht eben manchmal seltsame Wege.

Doch der Reihe nach. In einer Gegend an der griechischen Mittelmeerküste, nicht allzu weit entfernt von Athen, wuchs in frühgeschichtlicher Zeit offensichtlich besonders viel Fenchel. Daher erhielt die kleine Stadt, die dort entstand, den Namen „Marathon“. Im Jahr 490 v. Chr. spielte sich dort eine der wichtigsten Schlachten der Antike ab, als sich die Athener gegen die per Schiff einfallenden Perser zur Wehr setzten. Obwohl die Athener deutlich in der Unterzahl waren, konnten sie die Perser nach hartem Kampf in die Flucht schlagen.

Auch wenn der genaue Verlauf der Schlacht umstritten ist, bestehen keine Zweifel daran, dass dieses Ereignis tatsächlich stattgefunden hat. Ins Reich der Legende gehört nach Meinung von Historikern dagegen die darauf folgende Episode. Der Überlieferung nach rannte der Athener Pheidippides unmittelbar nach der Schlacht in höchster Eile von Marathon bis nach Athen, um die frohe Botschaft dort zu verkünden. Kaum hatte er seine Aufgabe erfüllt – so wird erzählt –, brach er tot zusammen.

Als 1896 in Athen die ersten Olympischen Spiele der Neuzeit stattfanden, erinnerte man sich an die Pheidippides-Legende und nahm einen Wettlauf von Marathon nach Athen ins Programm. Die Strecke war etwa 39 Kilometer lang und änderte sich bei darauf folgenden Laufveranstaltungen mehrfach. Erst 1908, bei den Olympischen Spielen in London, landete man bei den heute üblichen 42,195 Kilometern. Grund für die Verlängerung war der Wunsch, den Streckenverlauf am Königsschloss in Windsor vorbeizuführen. Frauen mussten derweil noch ein paar Jahrzehnte warten, bevor auch sie 1984 einen olympischen Marathonlauf austragen durften.

In den letzten Jahrzehnten ist der Lauf über die 42,195 Kilometer zu einer Massenbewegung geworden, an der sich auch viele Manager beteiligen. In New York, London oder Frankfurt gehen regelmäßig Zehntausende von Läufern an den Start, wenn der alljährliche Stadtmarathon stattfindet. Wer am ebenfalls jedes Jahr ausgetragenen Athen-Marathon teilnimmt, kann sogar auf der Originalstrecke des Pheidippides von Marathon nach Athen laufen – allerdings mit einem eingebauten Umweg, weil die Strecke ansonsten zu kurz wäre. Leider versprüht die Landstraße zwischen den beiden historischen Städten heute keinen besonderen Charme mehr.

Nebenbei hat der Begriff „Marathon" auch Einzug in die deutsche Sprache gehalten. Gemeint ist damit allerdings weder der Fenchel noch die gleichnamige Stadt, und schon gar nicht die berühmte Schlacht. Vielmehr steht ein Marathon heute für ein Ereignis, das ungewöhnlich lange dauert und große Ausdauer erfordert. Im Manager-Alltag sind beispielsweise „Sitzungs-Marathons", „Verhandlungs-Marathons" oder „Messe-Marathons" häufig anzutreffen. „Marathon-Veranstaltungen" sind ebenfalls dazu geeignet, an den Kräften des Managers zu zehren. Zum Glück gibt es ein probates Mittel, um den Marathon-Stress zu bewältigen: Fenchel soll beruhigend wirken.

# 46. Panische Angst

Das Adjektiv „panisch“ ist innerhalb der deutschen Sprache eine Besonderheit. Es wird ausschließlich zur Beschreibung einer Angst verwendet. Etwas vielseitiger einsetzbar ist das zugehörige Hauptwort „Panik“, das eine unkontrollierte Angstreaktion bezeichnet. „Keine Panik“ ist der gängigste Ausdruck, in dem dieser Begriff vorkommt.

Benannt sind die panische Angst und die Panik nach dem griechischen Hirtengott Pan. Der Überlieferung nach hatte dieser die Beine und das Gesäß eines Ziegenbocks, während auf seinem Kopf Hörner wuchsen. Angesichts dieses Erscheinungsbilds ist es kein Wunder, dass sich Pans Mutter nach dessen Geburt weigerte, das seltsame Wesen als ihren Sohn anzuerkennen. So wurde Pan stattdessen von Nymphen aufgezogen. Das Furcht erregende Aussehen Pans sorgte auch in späteren Jahren immer wieder dafür, dass Menschen und Tiere vor ihm Reißaus nahmen.

Auch wenn Pan heute vor allem mit dem Thema Angst verbunden ist, handelt es sich dabei keineswegs um eine ausschließlich bösartige Gestalt. Schon eher sollte man sich Pan als einen launigen Herrscher über die Welt der Hirten vorstellen. War Pan gut gelaunt, dann erfreuten sich die Herden bester Gesundheit und brachten ausreichend Nachwuchs hervor. Auch das Wetter und die übrige Natur zeigten sich von Pans Gnaden von ihrer guten Seite. Zürnte der Gott dagegen – und dies versuchten die Hirten durch Opfergaben zu verhindern –, dann hatten die Schaf- und Ziegenhüter wenig zu lachen. Ganz besonders fürchteten sich die Hirten davor, Pan zu erblicken. Nächtliche Geräusche, die sie als Rufe ihres Gottes deuteten, verursachte bei den Hirten buchstäblich panische Angst.

Trotz seines Aussehens galt Pan als Schürzenjäger, der so mancher mythologischen Schönheit nachstellte. Er liebte zudem die Musik und spielte ein nach ihm benanntes Instrument: die Panflöte. Als Baumaterial für seine Flöte hatte Pan bizarrerweise eine Nymphe verwendet, die sich auf der Flucht vor ihm in Schilf verwandelt hatte. Nicht zu verwechseln ist der Hirtengott allerdings mit der altgriechischen Vorsilbe „pan-", die für „allumfassend" steht. Begriffe wie „panamerikanisch" oder „Pandemie" haben daher nichts mit der griechischen Mythologie zu tun.

Mindestens ebenso präsent wie in der deutschen Sprache ist Pan heute noch in der Malerei. Frühe christliche Künstler orientierten sich bei der Darstellung des Teufels an Pan, und so kommt es, dass wir uns den Teufel heute als Furcht erregende Gestalt mit Hörnern auf dem Kopf vorstellen. Die panische Angst ist daher im übertragenen Sinne eine Angst vor dem Teufel.

Interessanterweise ist Pan auch in der heutigen Wirtschaft durchaus präsent. Das bekannteste Beispiel sind die „Panik-Verkäufe", die an der Börse manchmal zu beobachten sind. Zudem löst der Gedanke an drohende Umsatzeinbußen und hohe Kosten bei Managern oft genug panische Ängste aus. Kein Wunder, denn die Begegnung mit einem unzufriedenen Vorgesetzten kann mindestens so bedrohlich sein wie der Anblick eines launischen Gottes in Mensch-Ziegen-Gestalt. In einer derart kritischen Situation hilft ohnehin nur noch ein Motto: „Keine Panik!"

# 47. Zankapfel

Hätten Sie gedacht, dass der Ausdruck „Zankapfel“ aus der griechischen Mythologie stammt? Vermutlich nicht, denn dem ominösen Stück Obst ist sein Ursprung nicht anzusehen – im Gegensatz zum „Erisapfel“, der zwar dasselbe ist, jedoch seltener Verwendung findet. Der Sage nach war die Hochzeit des Peleus und der Thetis – dies waren die späteren Eltern des Achilles – der Ausgangspunkt des Zankapfel-Dramas. Die Zwietrachts-Göttin Eris (römisch Discordia) war bei diesem Fest nicht eingeladen und warf aus Ärger darüber einen goldenen Apfel zwischen die Damen in der Hochzeitsgesellschaft. Der Apfel trug die Aufschrift: „Für die Schönste.“ Daraufhin gerieten die Göttinnen Hera, Athene und Aphrodite in einen heftigen Streit, den Zeus schlichten sollte. Dieser wollte aber verständlicherweise nicht. Stattdessen setzte der Göttervater den trojanischen Prinzen Paris als Schiedsrichter ein. Der schöne aber arglose Jüngling war um seine Aufgabe nicht zu bendeiden.

Jede der drei Göttinnen versuchte, Paris zu bestechen. Hera versprach ihm Macht, Athene Weisheit und Aphrodite die Liebe der schönsten Frau der Welt - Helena. Paris entschied sich schließlich für Aphrodite. Dieses „Paris-Urteil“ wurde zu einer der bekanntesten Szenen der griechischen Sagenwelt und ist in zahlreichen Gemälden verewigt. Es führte dazu, dass Paris die bereits mit dem angehenden Spartanerkönig Menelaos verheiratete Helena mit deren Einverständnis in seine Heimat Troja entführte. Dies brachte natürlich Menelaos gegen die Trojaner auf und ließ ihn mit seinen griechischen Bündnispartnern die kleinasiatische Stadt angreifen - laut der griechischen Mythologie der Beginn des Trojanischen Kriegs. Aus einem mythologischen Zickenduell war eine Auseinandersetzung auf Leben und Tod geworden.

Vermutlich ist Ihnen bereits aufgefallen, dass es – bildlich gesprochen – im Manager-Leben von Zankäpfeln nur so wimmelt. Eine neue Unternehmensstrategie kann genauso ein Zankapfel sein wie eine ungeliebte Software, mit der alle arbeiten müssen. Neu ist für Sie dagegen möglicherweise, dass Sie statt „Zankapfel" auch „Erisapfel" sagen können. Unabhängig davon sollten Sie vorsichtig sein, wenn Sie es mit Zankäpfeln zu tun haben: Die griechische Mythologie lehrt, dass ein gut gemeinter Schlichtungsversuch schnell in einem Krieg enden kann.

# 48. Zwischen den Symplegaden

Das größte und ambitionierteste Projekt, das die griechische Mythologie zu bieten hat, ist zweifellos die Reise der Argonauten nach Kolchis. Auftraggeber dieses Unternehmens war Pelias, einer der zahlreichen griechischen Provinzfürsten. Pelias machte seinen Neffen Iason zum Projektleiter und stellte ihm die besten Arbeitskräfte zur Verfügung, die in der griechischen Sagenwelt aufzutreiben waren. Neben dem Superhelden Herkules gehörten Theseus, Nestor, Orpheus und zahlreiche andere mythologische Haudegen zum Projekt-Team. Ziel des Vorhabens: Iason und seine Mannen sollten das Vlies (also das Fell) eines goldenen Widders rauben, das in einem Wald in Kolchis am Schwarzen Meer aufbewahrt wurde. Um seinem Personal auf der Jagd nach dem Goldenen Vlies ein adäquates Fortbewegungsmittel zur Verfügung zu stellen, ließ Pelias ein sagenhaft schnelles Schiff namens Argo bauen. Die Mitarbeiter des Projekts werden daher bis heute schlicht als „Argonauten" („Argoreisende") bezeichnet.

Wie jedes Großprojekt verlief auch die Reise der Argonauten nicht immer reibungslos. So machten Iason und Co. Bekanntschaft mit den männermordenden Amazonen, den friedlichen Dolionen und den streitsüchtigen Bebryken. Der musisch begabte Orpheus sorgte unterwegs mit Gesängen und Harfenspiel für Abwechslung, wenn sich seine Kameraden nicht gerade in eine der Schönheiten verliebt hatten, denen sie auf der Reise begegneten. Die eine oder andere gute Tat durfte im Rahmen des Projekts natürlich auch nicht fehlen, und so retteten die Argonauten den Greis Phineus aus den Händen der sadistischen Harpyen. Diese edelmütige Aktion sollte sich später auszahlen.

Als schwerster Brocken des Argonauten-Projekts erwies sich jedoch die Einfahrt vom Bosporus ins Schwarze Meer. Dort musste die Argo zwischen zwei gefährlichen Felseninseln hindurch: die Symplegaden. Der Sage zufolge stießen diese Inseln immer wieder aufeinander und zermalmten alles, was sich dazwischen befand. Zum Glück hatte Iason vom Greis Phineus nach dessen Rettung einen Tipp erhalten, wie den Symplegaden zu packen waren. Er ließ eine Taube vorausfliegen, die gerade noch durchkam, bevor die Inseln aufeinander prallten. Als sich die Felsen wieder teilten, ruderten die Argonauten hinterher. Doch als sie sich genau zwischen den Symplegaden befanden, wurden sie von einer Welle aufgehalten, wodurch die heranrückenden Felsen sie zu erdrücken drohten. Zum Glück half die Göttin Athene mit einem Schubser nach, und so wurden die Argonauten in letzter Sekunde gerettet. Gemäß der Sage verlief der Rest der Argonautenreise ebenfalls glücklich, und die gefährlichen Bewegungen der Symplegaden hörten von diesem Zeitpunkt an auf.

Nicht aufgehört hat dagegen die sprichwörtliche Bedeutung der beiden Inseln. Noch heute befindet man sich „zwischen den Symplegaden", wenn eine große Gefahr droht. Besonders passend ist diese Redewendung, wenn es sich bei der Gefahr um ein übermächtiges Ungetüm handelt, das im Begriff ist, einen zu erdrücken. So manches kleine Unternehmen, das vor der Übernahme durch einen großen Konzern steht, findet sich daher zwischen den Symplegaden wieder. Den Kennern der griechischen Sagenwelt bleibt in so einer Situation immer ein Trost: Hinter den Symplegaden wartet das Goldene Vlies.

## 49. Martialisch

Als im Oktober 2006 eine neue Runde im Mannesmann-Prozess eingeläutet wurde, schrieb das Handelsblatt: „Schlagabtausch, Schlammschlacht, Klassenkampf – die Attribute im Vorfeld dieses Prozesses hatten stets martialisch geklungen." Wieder einmal hatte also ein Journalist oder Manager den Begriff „martialisch" verwendet, um Vorgänge aus der Wirtschaft zu beschreiben. Dieser Ausdruck geht auf den römischen Gott Mars zurück, der für den Krieg zuständig war. Als „martialisch" gilt, was in irgendeiner Form an Krieg erinnert – und davon gibt es in der Wirtschaft leider eine ganze Menge.

Mars war ein Gott im Alten Rom. Er wurde später mit dem griechischen Ares gleichgesetzt, der ebenfalls für Kriegsfragen verantwortlich war. Letzter wird in den überlieferten Quellen als gewalttätiger, sadistischer Angeber dargestellt. Wenn Menschen Krieg führten, griff er oft auf grausame Weise ein, ohne sich um Gerechtigkeit zu kümmern. Tod, Elend und sinnloses Blutvergießen unter den Sterblichen bereiteten ihm größtes Vergnügen. Ares war der einzige Sohn von Zeus und dessen rechtmäßiger Gemahlin Hera, während alle anderen Sprösslinge des Göttervaters Seitensprüngen entstammten. Im Trojanischen Krieg kämpfte Ares mit mäßigem Erfolg auf Seiten der Trojaner.

Trotz seiner Identifikation mit Ares galt Mars nach Jupiter als der zweitwichtigste römische Gott. Seine Popularität war bei den Römern deutlich größer als die des Ares bei den Griechen. Erhalten geblieben ist uns Mars nicht nur in „martialisch", sondern auch im gleichnamigen Planeten und dem Monat März. Dieser war bei den Römern lange Zeit der erste Monat des Jahres und dem Kriegsgott geweiht. Auch in den Wochentagen spielt Mars eine Rolle: Im Französischen und Italienischen ist der Dienstag („martedi" bzw. „mardi") nach dem ihm benannt, im Deutschen und englischen ist Mars' germanisches Pendant Tiu der Namensgeber (der „Dienstag“ war ursprünglich der „Tiustag“).

Der bekannte Schokoriegel („Mars macht mobil“) hat übrigens nichts mit dem gleichnamigen Gott zu tun. Vielmehr geht dieser Markenname auf die Unternehmens-Gründer Frank und Ethel Mars zurück. Seit 1922 wird der beliebte Schokoladen-Snack produziert. Sehr wohl einen Bezug zur Mythologie hatte der frühere deutsche Motorradhersteller namens Mars, dessen bekanntestes Produkt „Weiße Mars“ hieß. Leider war der Kriegsgott dem Nürnberger Unternehmen nicht wohlgesonnen – 1958 machte Mars Pleite.

*Der griechische Gott Ares entsprach dem römischen Mars. Dessen Zuständigkeitsbereich war der Krieg.*

# 50. Odyssee

Der griechische Sagenheld Odysseus hatte zweifellos viele Qualitäten. Als König von Ithaka, einer Insel vor der Westküste Griechenlands, war er ein kluger Stratege, tapferer Krieger und listiges Schlitzohr. Zudem wird er als hervorragender Redner dargestellt. Dementsprechend nimmt Odysseus in der griechischen Mythologie eine wichtige Rolle ein. In Homers Dichtung „Ilias" zählt Odysseus zu den wichtigsten Protagonisten; in der ebenfalls Homer zugeschriebenen „Odyssee" spielt der Ithaker-König sogar die Hauptrolle.

Odysseus hätte als vielseitiger Kämpfer zweifellos einen guten Manager abgegeben. Trotzdem ist der Sagenheld nicht auf Grund seiner menschlichen Qualitäten in die Redensarten verschiedener Sprachen eingegangen, sondern durch seine zehnjährige Irrfahrt durch das Mittelmeer. Die „Odyssee" ist zu einer gängigen Bezeichnung für Irrfahrten aller Art geworden. Mit Stanley Kubriks Filmklassiker „Odyssee im Weltraum" wurde sogar eine außerirdische Reise nach der griechischen Sage benannt.

Ihren Anfang nahm Odysseus' abenteuerliche Tour in Troja. Dort hatte der Sagenheld mit Unterstützung des Sehers Kalchas das Trojanische Pferd erfunden und damit den Krieg gegen die Stadt in der heutigen Türkei entschieden. Die anschließende Heimfahrt durch das Ägäische Meer wäre eigentlich ein Katzensprung gewesen, doch die Götter wollten es anders. Sie sorgten dafür, dass Odysseus und seine Mannen vom Kurs abkamen und zehn Jahre lang durch das Mittelmeer irrten. Dabei stießen sie auf einäugige Riesen, fürchterliche Seeungeheuer, betörende Sirenen und den Sonnengott Helios. Katastrophen wechselten sich mit Liebesgeschichten ab, und einige der Krieger wurden zeitweise in Schweine verwandelt. Selbst der Unterwelt (Hades) stattete Odysseus einen Besuch ab.

Nach all diesen Abenteuern gelangte Odysseus schließlich als Schiffbrüchiger auf die Insel der Phaiaken, wo ihn eine Prinzessin am Strand auflas. Mit der Hilfe von deren Vater, dem König Alkinoos, gelang Odysseus die lang ersehnte Rückkehr in seine Heimat Ithaka. 20 Jahre waren seit seiner Abreise vergangen. Alle seiner Männer waren während der Irrfahrt umgekommen. Zurück in Ithaka verkleidete sich Odysseus zunächst als Bettler, um unauffällig die Lage in seinem Haus zu checken. Dabei musste er feststellen, dass Fremde um die Gunst seiner Frau buhlten. In einem letzten Kampf brachte Odysseus seine Nebenbuhler um und gab sich anschließend seiner Gattin zu erkennen.

Zweifellos ist „Odyssee“ auch für einen Unternehmensstrategen ein durchaus nützlicher Begriff. Lange Irrfahrten, die mit surrealen Erlebnissen gespickt sind, kommen schließlich auch im Wirtschaftsleben des Öfteren vor. Besonders häufig ist von einer Odyssee zu hören, wenn ein engagierter Unternehmensgründer nach Geldgebern sucht – eine lange Irrfahrt durch die Welt der Banken und Investoren ist hierbei nicht außergewöhnlich. Auch Behörden sind immer wieder für märchenähnliche Irrungen und Wirrungen gut. Und gleicht nicht das gesamte Leben einer Odyssee? Das Managerleben bestimmt!

# 51. Zwischen Skylla und Charybdis

Im Deutschen gibt es keine verbreitete Redewendung für eine Situation, in der man die Wahl zwischen zwei Übeln hat. Zwar gibt es ein Sprichwort, das besagt, dass man das kleinere davon wählen sollte, doch das ist etwas anderes. Manchmal ist bei einer solchen Gelegenheit auch die Frage „Pest oder Cholera?" zu hören, aber das ist keine gängige Redensart. „Jacke wie Hose" passt nicht auf diese Situation, da damit nicht notwendigerweise zwei Übel gemeint sind.

Wenn die deutsche Sprache eine Lücke hat, dann gibt es zum Glück die griechische Mythologie. Und in der Tat hat diese eine unter gebildeten Menschen bekannte Metapher zu bieten: Skylla und Charybdis. Dabei handelte es sich um zwei recht unterschiedliche Meeresungeheuer, die auf den beiden Seiten der Straße von Messina (zwischen dem italienischen Festland und Sizilien) ihr sagenhaftes Unwesen trieben.

Skylla war ursprünglich ein attraktives Mädchen, das jedoch von einer Zauberin entstellt und in eine Menschen fressende Bestie verwandelt wurde. An ihrem Unterleib befanden sich sechs Hundeköpfe und zwölf Hundebeine. Zudem hatte Skylla Fangarme, mit denen sie nach allem griff, was ihr zu nahe kam. Charybdis, das zweite Ungeheuer, lebte gegenüber von Skylla auf einem Felsen. Sie hatte keine besondere Gestalt, sondern existierte in Form eines gewaltigen Wassersogs. Auch Charybdis fraß Menschen, die ihr in ihren Schiffen zu nahe rückten.

Auf seiner Irrfahrt musste auch Odysseus mit seinen Mannen zwischen Skylla und Charybdis hindurch. Er entschied sich, näher an Skylla vorbeizufahren, die das etwas kleinere Übel zu sein schien. Die hundebeinige Ex-Schönheit ergriff mit ihren Fangarmen zwar sechs von Odysseus' Leuten und verspeiste sie, doch Odysseus selbst überlebte. Heute ist "zwischen Skylla und Charybdis" eine weniger bekannte Redewendung für die Bedrohung durch zwei Gefahren. Natürlich können Sie auch im Manager-Alltag sprachlich mit den beiden Ungeheuern hantieren, etwa wenn zwei Großunternehmen gleichzeitig drohen, eine kleinere Firma zu übernehmen. „Skylla oder Charybdis“ klingt in einer solchen Situation allemal angenehmer als „Pest oder Cholera“.

*Odysseus zwischen Skylla und Charybdis. Beide Ungeheuer waren gefährlich, doch Skylla erwies sich als das etwas kleinere Übel.*

# 52. Kampf gegen die Hydra

Kennen Sie diese Situation? Sie haben als Manager unzählige Probleme am Hals, und kaum haben Sie eines davon gelöst, schon taucht an dessen Stelle ein neues auf. In einer ähnlichen Situation befand sich der allseits bekannte griechische Sagenheld Herkules, als er – als zweite seiner zwölf Aufgaben – die Hydra töten musste. Die Hydra war eine gefürchtete vielköpfige Wasserschlange, die die kaum weniger gefürchteten Ungeheuer Cerberus, Chimaira und Sphinx als Geschwister hatte. Von den vielen Köpfen der Hydra war einer sogar unsterblich.

Die Hydra lebte in südgriechischen Sümpfen und sorgte dort für Schrecken, indem sie Viehherden riss und Felder verwüstete. Herkules spürte das Ungetier auf und packte es mit bloßen Händen. Anschließend zerschlug er dem Ungeheuer mit einer Keule die Köpfe. Doch dies nutzte zunächst nichts, denn für jeden abgeschlagenen Kopf wuchsen der Hydra zwei neue nach. Und dann kam dem Untier auch noch eine Riesenkrabbe zu Hilfe, die mit ihren Scheren Herkules am Fuß angriff.

Doch Herkules wäre nicht Herkules, wenn er sich nicht mit heldenhaftem Kampf aus dieser misslichen Lage befreit hätte. Zunächst zertrat er die Krabbe, dann bat er seinen Neffen Ioalos um Hilfe. Während er selbst weiterhin einen Hydra-Kopf nach dem anderen abschlug, brannte Ioalos die jeweiligen Wunden mit einer Fackel aus. Tatsächlich wuchsen an den ausgebrannten Stellen keine Köpfe mehr nach, und so wurde deren Zahl immer kleiner. Am Ende war nur noch der unsterbliche Kopf der Hydra übrig, den Herkules abtrennte und vergrub. Dies war das Ende der Hydra. Damit war Herkules' Aufgabe zwar erledigt, doch sein Auftraggeber Eurystheus erkannte dies nicht an, da Herkules die Dienste eines Helfers in Anspruch genommen hatte.

Inzwischen ist Herkules' „Kampf gegen die Hydra" zu einer Redensart geworden. Wer eine Arbeit verrichten muss, die im Laufe der Zeit immer komplexer wird, kämpft gegen eine Hydra. Zweifellos lässt sich dieses Bild auch auf viele Aufgaben übertragen, die im Alltag einer Führungskraft vorkommen. Das Leiten eines Teams oder einer Abteilung gleicht an sich schon dem Kampf gegen die Hydra – kaum haben Sie mit dem einen Mitarbeiter eine Angelegenheit gelöst, kommt garantiert der nächste Kollege mit einem neuen Problem daher. Recht gut passt die Hydra-Metapher zudem, wenn Sie dieselbe Sache in mehreren Varianten bearbeiten müssen. Ein Beispiel dafür ist ein Werbetext, der in verschiedenen Sprachen vorliegt – jede Korrektur, die darin anfällt, muss gleich mehrfach erschlagen werden.

Der derzeit wohl bekannteste Hydra-Bekämpfer Deutschlands ist der ehemalige Verfassungsrichter Paul Kirchhof. Dieser hat sich vor allem als Kämpfer für ein einfaches Steuerrecht und als Minister-Kandidat von Angela Merkel einen Namen gemacht. In seinem Buch „Das Gesetz der Hydra" geht Kirchhof auf die seiner Ansicht nach wichtigsten Probleme des verkrusteten deutschen Staatswesens ein. Für den Heidelberger Juristen hat die Hydra zwölf Köpfe, und diese stehen symbolisch für die verschiedenen Konstruktionsfehler unseres Staates. Als Lösung liefert Kirchhof zwölf symbolische Schwerter, die zum Abschlagen der Köpfe geeignet sein sollen. Sollten diese zum Einsatz kommen, dann bleibt zu hoffen, dass die Köpfe in diesem Fall nicht mehr nachwachsen.

# 53. Barbaren

„Invasion der Barbaren" lautete eine Schlagzeile des Handelsblatts im Jahr 2004. Anlass dafür war ein Parteitag der Republikaner unter Präsident George W. Bush in New York. In der größten Stadt der USA haben traditionell die Demokraten die Mehrheit, und daher war die Idee der Republikaner, ausgerechnet dort zu tagen, zweifellos ein mutiger Entschluss. Nun ist „Barbar" zwar ein Begriff, der über die griechische Sprache ins Deutsche und Englische gelangt ist. Trotzdem dürfte sich Bush kaum über diese Titulierung gefreut haben, denn wer will schon mit einem Wort bedacht werden, das etwa so viel heißt wie „Wilder" oder „Rohling".

Doch gehen wir zunächst einen Schritt zurück. „Barbaren" hießen im antiken Griechenland ursprünglich alle, die nicht oder nur schlecht Griechisch sprachen. Zunächst war das nicht unbedingt negativ gemeint. Später übernahmen die Römer den Begriff und bezeichneten Menschen als Barbaren, denen die griechisch-römische Bildung fehlte. „Barbar" galt unter römischen Bürgern nun als böses Schimpfwort. Nicht zuletzt die zur Untergangszeit des Römischen Reichs einfallenden Germanen-Stämme sind bis heute als Barbaren in Erinnerung geblieben. Vor allem die Wandalen, die zu den Ostgermanen zählten, genießen bis in die Gegenwart einen buchstäblich barbarischen Ruf (allerdings zu Unrecht, wie Historiker meinen).

Da die Germanen in der Regel Bärte trugen, wird das Wort „Barbar" manchmal mit dem lateinischen „barba" („Bart") in Verbindung gebracht. Der eigentliche Ursprung des Begriffs liegt jedoch in einer Nachahmung der Sprache der Barbaren, die für die Griechen und Römer nicht verständlich war. Heute würde man statt „Barbar" wohl „Blabla" sagen, und der Barbar hieße dementsprechend „Blablaer" – sicherlich fallen Ihnen spontan einige Mitmenschen ein, auf die dieser Ausdruck passen würde. Erhalten geblieben ist uns der Ausdruck „Barbar" nebenbei an einer ganz unvermuteten Stelle: im weiblichen Vornamen Barbara. Diesen kann man mit „die Fremde", „die Wilde" oder eben mit „die Barbarin" übersetzen.

Im gegenwärtigen Sprachgebrauch ist ein „Barbar" in erster Linie ein ungehobelter, sittenloser Mensch. So wurden die Terroranschläge des 11. September 2001 genauso als Barbarei bezeichnet wie zahlreiche gewalttätige Aktionen im Nahen Osten. In der Wirtschaft geht es zum Glück nicht ganz so kriegerisch zu. Dort nennt man einen Menschen einen Barbaren, wenn dieser die Regeln des Anstands missachtet oder den wahren Wert einer kostbaren Sache nicht zu schätzen weiß. Top-Manager führen sich manchmal auf wie Barbaren, wenn sie kleine, mit Herzblut betriebene Unternehmen in große Konzerne einverleiben. Eine Gehaltserhöhung für das Management bei gleichzeitigem Stellenabbau gilt in den Augen vieler Menschen ebenfalls als Barbarei.

Ein ähnliches, wenn auch nicht ganz so negatives Wort wie Barbar ist „Banause". Dieses bedeutet auf Altgriechisch „Handwerker". Zweifellos hat es enorme Vorteile, wenn sie den Ursprung dieses Begriffs kennen. Denn wenn Sie wieder einmal jemand als Banause beschimpft, dann können Sie schlagfertig entgegnen: „Haben Sie etwas gegen Handwerker?"

# 54. Chimäre

„Ist der mündige Patient eine Chimäre?", fragte TV-Moderatorin Sandra Maischberger in ihrer Sendung vom 31. Oktober 2006. Mit „Chimäre" meinte Maischberger eine falsche Idee. Sie hätte also auch fragen können: „Gibt es den mündigen Patienten überhaupt?" Uns soll an dieser Stelle jedoch nicht das Gesundheitswesen interessieren, sondern der Begriff „Chimäre". Dieser stammt aus der griechischen Mythologie und hat mehrere Bedeutungen.

Namensgeberin war ein Wesen, das zu den Mitgliedern der bekanntesten Ungeheuer-Familie der griechischen Sagenwelt zählte. Typhon und Echidna hießen die beiden Eltern. Ersterer war ein Riese mit hundert Drachenköpfen, letztere eine Mischung aus Mensch und Schlange. Wie bei einer solchen Kombination nicht anders zu erwarten, entsprachen auch deren Kinder Orthos (ein zweiköpfiger Hund), Cerberus (ein mehrköpfiger Hund mit Schlangenschwanz) und Hydra (ein neunköpfiges Seeungeheuer) nicht gerade dem gängigen Schönheitsideal. Mit ihrem Sohn Orthos setzte Echidna weitere Kinder in die Welt, darunter Sphinx (ein geflügelter Löwe mit dem Kopf einer Frau) und eine gewisse Chimaira. Letztere ist als „Chimäre" oder „Schimäre" zu einem festen Ausdruck in der deutschen Sprache geworden.

Chimaira sah mindestens genau so Furcht erregend aus wie ihre nächsten Verwandten. Sie hatte drei Köpfe: vorne den eines Löwen, dahinter den einer Ziege und als Schwanz den einer Schlange. So ein Ungeheuer musste gemäß der griechischen Sagenlogik natürlich getötet werden. Diese Aufgabe fiel Bellerophon, einem Enkel des Sisyphus zu, nachdem ihm König Iobates den Auftrag dazu erteilt hatte. Eine griechische Gottheit (je nach Quelle war es Athene oder Poseidon) stellte für dieses Unterfangen praktischerweise ein geflügeltes Pferd namens Pegasus zur Verfügung. Aus der Luft sollte Bellerophon Chimaira mit seinen Pfeilen erlegen, was ihm auch gelang. König Iobates freute sich darüber so sehr, dass er dem Helden seine Tochter zur Frau gab.

Heute bezeichnet man als „Chimäre" einerseits ein Mischwesen. Eine Meerjungfrau ist ein Beispiel dafür. Die bekanntesten mythologischen Chimären gibt es in den griechischen Sagen selbst, wo das erwähnte geflügelte Pferd Pegasus oder die gesamte Familie von Chimaira Mischwesen sind. In der Biologie bezeichnet man solche Kreaturen als Chimären, die auf künstliche Weise aus unterschiedlichen Tierarten gekreuzt wurden – beispielsweise aus Löwe und Tiger oder aus Schaf und Ziege. Auch Mensch-Affe-Chimären könnte es Gerüchten zufolge schon gegeben haben.

Für Manager interessanter ist dagegen die von Maischberger verwendete Bedeutung von „Chimäre" (in diesem Zusammenhang meist: „Schimäre"). Gemeint ist damit ein Trugbild oder eine falsche Idee, die durch eine Täuschung entstanden ist. Eine Chimäre eignet sich hervorragend als Ideenkiller. Nehmen wir etwa folgenden Satz: „Der Gedanke, dass wir kurzfristig in den USA erfolgreich sein können, ist doch nur eine Schimäre." Damit drücken Sie auf elegante Weise aus, dass Sie von einer Expansion in die USA nichts halten und stempeln gleichzeitig alle, die es anders sehen, zu ungebildeten Traumtänzern.

## 55. Cäsarenwahn

Im Jahr 1894 beschrieb der spätere Friedensnobelpreisträger Ludwig Quidde ein Verhaltensmuster wie folgt: Glaube an die eigene Göttlichkeit, Verschwendungssucht, theatralisches Auftreten, Hunger nach militärischen Erfolgen und Neigung zum Verfolgungswahn. Quidde dachte dabei an den römischen Kaiser Caligula und einige von dessen Kollegen. Indirekt formulierte er damit auch Kritik am damaligen Kaiser Wilhelm II., dessen Namen er aber nicht nennen durfte. Dem beschriebenen Verhaltensmuster gab Quidde den Namen „Cäsarenwahnsinn“. Heute nennt man es meist verkürzt „Cäsarenwahn“. Als typische Vertreter des Caesarenwahns gelten neben Caligula besonders die Kaiser Nero, Commodus, Domitian und Caracall. Sie alle konnte man kaum als zurechnungsfähig bezeichnen.

Der verrückteste unter den verrückten Kaisern aber war zweifellos Caligula. Dieser ließ zahlreiche Senatoren willkürlich hinrichten und wollte der Überlieferung zufolge sein Pferd zum Konsul machen, um den Senat zu ärgern. Kaum besser war Nero, der für eine erste groß angelegte Christenverfolgung sorgte, die in zahlreichen grausamen Hinrichtungen endete. Auch Domitian zeichnete sich durch wahllose Hinrichtungen und Christenverfolgungen aus. Allerdings muss man in allen Fällen damit rechnen, dass die Chronisten der damaligen Zeit ihre Kaiser nicht authentisch darstellten. So gilt es heute als widerlegt, dass Nero den verheerenden Brand legte, der die Stadt Rom im Jahr 64 heimsuchte. Unklar ist zudem, ob Nero, der sich für einen begnadeten Sänger hielt, im Anblick des brennenden Rom ein Lied anstimmte, wie eine Legende besagt.

Unbestritten ist jedoch, dass der Begriff Cäsarenwahn heute noch ab und zu Verwendung findet – auch und gerade in der Wirtschaft. Gemeint ist damit meist ein Verlust des Realitätssinns auf Grund schnell errungener Erfolge. „Auch in modernen Unternehmen gibt es Cäsarenwahn", schrieb 2002 das Handelsblatt und fügte hinzu: „Glücklich waren die Zeiten unter den Adoptivkaisern, in denen sich der Amtsinhaber nach dem fähigsten möglichen Nachfolger umsah und diesen als Sohn annahm. Als Marc Aurel zu dem Schluss kam, sein leiblicher Sohn sei der fähigste Mann, ging es prompt schief." Der Autor des Artikels vermied es, im Zusammenhang mit dem Cäsarenwahn konkrete Namen zu nennen. In der Überschrift wurden jedoch Ron Sommer, Jack Welch, Thomas Haffa und Thomas Middelhoff erwähnt.

# Karriere

## 56. Julius Cäsar

Gäbe es einen Titel für den „Top-Manager der Antike“ zu vergeben, dann wäre Julius Cäsar zweifellos der klare Gewinner. Der 100 v. Chr. geborene Staatsmann und Feldherr schaffte im kriselnden Römischen Reich den Turn-Around und trug wie kein anderer dazu bei, dass Rom zu einer Weltmacht wurde. Die Folgen von Cäsars Wirken sind bis heute erkennbar. Natürlich soll an dieser Stelle nicht verschwiegen werden, dass der römische Top-Manager zahlreiche Kriege führte, die Not und Elend über die Menschen brachten. Dennoch ist eines klar: Würde Julius Cäsar heute wirken, dann wäre er vermutlich ein glänzender Konzernlenker.

Julius Cäsar stammte aus einem weniger bedeutenden römischen Patrizier-Geschlecht. Er heiratete die Tochter eines einflussreichen Politikers (nach deren Tod ehelichte er später eine weitere Frau aus gutem Hause), verdingte sich im römischen Heer und ging auf Studienreise nach Griechenland. Zwischendurch geriet er sogar in die Hände von Piraten, die er später einfangen und kreuzigen ließ. Nach einer bewegten Jugend machte Cäsar Karriere in der Politik, wo er unter anderem zum Prokonsul von Gallien ernannt wurde. Im Jahr 49 v. Chr. begann er mit dem Überschreiten des Rubikon einen Bürgerkrieg gegen seinen früheren Triumvirats-Partner Pompejus und stieg als erster römischer Staatsmann zum Diktator auf Lebenszeit auf. Cäsar war zwar formal nie römischer Kaiser, hatte jedoch eine Stellung, die einem solchen Amt gleichkam. Bis heute ist uns der Name Cäsar daher in Form des Begriffs „Kaiser“ erhalten geblieben.

Vor und während seiner Herrschaftszeit feierte Cäsar zahlreiche militärische Erfolge. Zudem führte er im Römischen Reich viele Reformen durch: Er führte einen neuen Kalender ein und gründete die erste bekannte Berufsfeuerwehr der Geschichte.

Cäsars Ende war jedoch alles andere als beneidenswert. In den Iden des März (also am 15. März) des Jahres 44 v. Chr. wurde er von einer Gruppe hochrangiger Politiker ermordet, nachdem ihn diese für zu mächtig befunden hatten. Praktisch alle am Mord Beteiligten hatten zuvor von Cäsar profitiert. Für Brutus, einen der Anführer der Verschwörung, war Cäsar sogar ein Mentor gewesen. Der Fall Julius Cäsar birgt daher eine interessante Lehre für jeden mächtigen Manager: Sei vorsichtig mit deinen Ziehkindern; der vermeintliche Musterschüler könnte dir schon bald in den Rücken fallen.

# 57. Sisyphus-Arbeit

Vermutlich haben auch Sie ab und zu Momente, in denen Sie Ihrer Arbeit als Manager keinen großen Sinn mehr abgewinnen können. Dies dürfte vor allem dann der Fall sein, wenn Ihnen trotz großer Anstrengungen nichts Rechtes gelingt und auf jeden Hoffnungsschimmer unweigerlich die nächste Enttäuschung folgt. In einer solchen Situation sollten Sie sich damit trösten, dass es in der griechischen Sage einen Helden gibt, dessen Arbeit noch viel eintöniger ist als Ihre. Die Rede ist von Sisyphus, dem König von Korinth.

Sisyphus hatte die Stadt Korinth selbst gegründet. Er wurde ihr König und machte sie zu einem blühenden Zentrum des Handels und der Seefahrt. Gegenüber den Göttern kannte Sisyphus allerdings keinen Respekt. Zunächst brüskierte er Zeus, indem er dem Flussgott Asopos ein Geheimnis verriet: Der als Schürzenjäger bekannte Zeus steckte hinter der Entführung von Asopos' Tochter. Der Göttervater ließ sich diesen Affront natürlich nicht gefallen und schickte den Tod in Gestalt von Thanatos zu Sisyphus, um diesen ins Jenseits zu befördern. Sisyphus gelang es jedoch, Thanatos einzusperren, weshalb vorläufig weder er noch ein anderer Erdenbürger sterben konnte. Erst als Kriegsgott Ares eingriff, wurden die üblichen Verhältnisse wiederhergestellt, und Sisyphus musste den Gang in das Reich der Toten antreten.

Mit einer List gelang Sisyphos allerdings ein Comeback. Er bat Ares, kurz ins Diesseits zurückkehren zu dürfen, um seine Frau zur Durchführung des üblichen Totenopfers zu bewegen. Natürlich war dies nur ein Vorwand. Die Gelegenheit bot sich, weil Sisyphus seiner Gattin zuvor eingeschärft hatte, ein solches Opfer auf keinen Fall zu erbringen. Ares ließ sich auf den Vorschlag ein und musste anschließend feststellen, dass Sisyphus keine Anstalten machte, zurückzukehren. Stattdessen ließ es sich der

Korinther-König in seiner Heimat gut gehen und verlachte die Götter. Erst im hohen Alter starb Sisyphus zum zweiten Mal und musste endgültig in die Unterwelt zurück.

Es versteht sich von selbst, dass den Göttern angesichts Sisyphus' Treiben längst der Kragen geplatzt war. Daher brummten sie ihm eine drakonische Strafe auf. Bis in alle Ewigkeit musste der frühere Korinther-König einen großen Stein einen steilen Hang hinauf wuchten, um diesen – immer kurz bevor er es geschafft hatte – aus den Händen zu verlieren. Anschließend rollte der Stein den Berg hinunter an den Ausgangspunkt zurück, und Sisyphus musste wieder von vorne anfangen. Bis heute bezeichnet man daher eine Aufgabe, die ständig aufs Neue erledigt werden muss und nie zu einem wirklichen Erfolg führt, als „Sisyphus-Arbeit".

Wenn Sie in einem der besagten Momente stecken, fällt Ihnen zweifellos auf, dass die Tätigkeit eines Managers oft genug Züge einer Sisyphus-Arbeit trägt. Kaum hat man eine Sache mit viel Mühe erledigt, muss man an anderer Stelle wieder von vorne anfangen. Nie hat man das Gefühl, wirklich am Ziel zu sein. Im Vergleich zu Sisyphus haben Sie als Manager trotz allem einen klaren Vorteil: Sie werden für ihre Arbeit wenigstens bezahlt.

# 58. Reich wie Krösus

Wenn es eine Person aus der griechischen Antike gibt, der man als Unternehmer oder Manager nacheifern wollte, dann ist dies der Lydier-König Krösus. Dieser soll so unermesslich reich gewesen sein, dass man bis heute begüterte Menschen schlicht als Krösus bezeichnet. Wenn wir allerdings etwas genauer hinsehen, dann bröckelt dieser sprichwörtliche Glanz. Oder anders ausgedrückt: Krösus gehört zu denjenigen Figuren aus der Antike, die ihren Ruf zu Unrecht tragen.

Doch der Reihe nach. Auch wenn sich zahlreiche Legenden um Krösus ranken, handelt es sich bei ihm nicht um eine Figur aus der griechischen Mythologie, sondern um eine real existierende Person. Krösus regierte im 6. Jahrhundert vor Christus über Lydien, das heute in der Türkei liegt. Der talentierte Herrscher brachte große Teile Kleinasiens unter seine Regentschaft, doch er wollte mehr. Sein Ziel war es, den mächtigen Nachbarn Persien anzugreifen, und ein Spruch des Orakels von Delphi schien ihn dazu zu ermuntern. Die Weissagung lautete: „Wenn du den Halys [Fluss in der heutigen Türkei] überschreitest, wirst du ein großes Reich zerstören." Krösus dachte natürlich, das Perserreich sei damit gemeint. Als sein daraufhin gestarteter Angriff jedoch in einer empfindlichen Niederlage endete, musste der Lydier-König feststellen, dass er sein eigenes Reich zerstört hatte.

Krösus war sicherlich nicht unvermögend und scheute sich auch nicht, seinen Reichtum auszugeben. Es stimmt wohl auch, dass der lydische Fluss Paktolos beträchtliche Mengen an Gold mit sich führte, das Goldwäschern eine reiche Ausbeute bescherte. Der Legende nach soll das Gold in den Fluss gelangt sein, als Kollege Midas darin badete. Doch trotz allem: Den lydischen König als Symbol für den Reichtum schlechthin zu betrachten, erscheint nicht angemessen. Noch nicht einmal zu seiner Zeit war Krösus der wohlhabendste Herrscher, denn die Könige des benachbarten Persiens konnten deutlich größere Besitzungen ihr eigen nennen. Nach der militärischen Niederlage gegen die Perser musste sich Krösus zudem bescheiden und den Rest seiner Tage als Provinzfürst mit geringem Einfluss verbringen.

Seinen sprichwörtlichen Ruf erhielt Krösus also vermutlich nicht durch seinen ohnehin nicht exorbitanten Reichtum. Die Ursache war nach Ansicht von Historikern eher der Umstand, dass die Lydier (vermutlich unter Krösus' Vater Alyattes) als die Erfinder des Münzgelds gelten. Krösus war vermutlich der erste Herrscher der Weltgeschichte, dessen Konterfei in großen Stückzahlen auf Geldstücken prangte. Es ist durchaus möglich, dass man den Lydier-König deshalb mit einem sagenhaften Reichtum in Verbindung brachte.

Es gibt noch eine weitere – vermutlich nicht authentische – Begebenheit aus Krösus' Leben, die bis heute einen gewissen Bekanntheitsgrad hat. Als der Athener Dichter und Staatsmann Solon den König in Lydien besuchte, soll dieser seinen Gast gefragt haben: „Wer ist der glücklichste Mensch, den du je gesehen hast?" Solons Antwort lautete: „Niemand ist vor seinem Tode glücklich zu preisen." In der lateinischen Form „nemo ante mortem beatus" ist dieser Ausspruch zu einem geflügelten Wort geworden.

## 59. Scherbengericht

Wissen Sie, was ein „Ostrakismos“ ist? Nein, es handelt sich nicht um eine neue Management-Philosophie, und essen kann man es auch nicht. Vielmehr ist Ostrakismos der griechische Begriff für das Scherbengericht. Dies war eine basisdemokratische Einrichtung im antiken Athen, die es redensartlich noch heute gibt.

Das Scherbengericht wurde in der griechischen Stadt im fünften vorchristlichen Jahrhundert praktiziert. Aus heutiger Sicht handelte es sich um ein äußerst seltsames Unterfangen: Es sah vor, dass eine Volksversammlung per Abstimmung die Verbannung eines Mitbürgers beschließen konnte. Anstelle von Wahlzetteln verwendeten die Teilnehmer Scherben von Tongefäßen, auf die sie den Namen eines Bürgers ritzten. Anschließend gab es eine Auszählung. Die bei diesem Procedere meistgenannte Person musste innerhalb von zehn Tagen ihre Sachen packen und Athen für mindestens zehn Jahre verlassen. Auf eine Zuwiderhandlung stand die Todesstrafe. Eine Enteignung oder sonstige Bestrafung des Betroffenen fand jedoch nicht statt. Auch dessen Ehre galt nicht als verletzt.

Interessant am Scherbengericht ist, dass es sich dabei nicht um die Bestrafung für ein bestimmtes Vergehen handelte. Stattdessen konnten die Athener jeden beliebigen Mitbürger per Ostrakismos vorübergehend in die Verbannung schicken, wenn dieser ihrer Meinung nach zu viel Macht angehäuft hatte. Das Scherbengericht diente also als Instrument zur Beibehaltung des politischen Gleichgewichts. Damit die Athener nicht zu viele wegschickten, war pro Jahr nur eine Verbannung zulässig. Das gesamte Verfahren mag uns heute zwar äußerst ungewöhnlich vorkommen, doch immerhin war das Scherbengericht eines der ersten belegten demokratischen Instrumente der Weltgeschichte.

Einem Scherbengericht unterwerfen müssen sich heute noch viele Manager – wenn auch nur im übertragenen Sinn. An die Stelle der Volksversammlung treten dabei in erster Linie die Verbraucher. Ein Fernseh-Manager, der allmorgendlich die Einschaltquoten des Vortags betrachtet, dürfte sich ähnlich ohnmächtig vorkommen, wie ein von der Verbannung bedrohter Athener bei der Auszählung der Tonscherben. Ähnlich ergeht es dem Vorstand einer Aktiengesellschaft bei der Jahreshauptversammlung oder einem Vertriebs-Manager beim Studium der Verkaufszahlen. Wie beim antiken Vorbild gibt es auch beim modernen Scherbengericht keine verbindlichen Regeln – allein die Laune der stimmberechtigten Masse gibt den Ausschlag.

Sollten Sie selbst einmal ein Opfer der Verkaufs- oder Stimmenzahlen werden, dann bleibt Ihnen immerhin der Trost, dass es schon in der Antike meist die besonders erfolgreichen Zeitgenossen traf (nur diese konnten schließlich Macht anhäufen). Damals war eine Verbannung auf Grund eines Scherbengerichts im Übrigen nichts Existenzvernichtendes, und die meisten Betroffenen konnten offensichtlich nach Ablauf der zehn Jahre wieder Fuß fassen. Damals wie heute gilt also: Eine Niederlage muss noch nicht das Ende der Karriere bedeuten.

# 60. Augiasstall ausmisten

Florian Gerster, ehemals Chef der Bundesanstalt für Arbeit, war um seine Aufgabe nicht zu beneiden. Als er 2002 sein Amt antrat, wurde ihm aufgetragen, den „Nürnberger Augiasstall auszumisten" (Manager Magazin). Mit anderen Worten: Er sollte Ordnung in die zum uneffektiven Moloch gewachsene Bundesanstalt bringen. Verschiedene Umstände verhinderten diesen Plan jedoch, und so wartet der besagte Augiasstall bis heute auf einen erfolgreichen Säuberer.

Der Ursprung des Augiasstalls, den es auszumisten gilt, liegt wieder einmal in der griechischen Sagenwelt. Dort regierte ein gewisser Augias als König von Elis im Süden Griechenlands. Augias besaß eine riesige Stallanlage, in der sich nicht weniger als 3.000 Rinder tummelten. Diese Ställe waren nach 30 Jahren ohne Reinigung in einem derartig verdreckten Zustand, dass sie als unsäuberbar galten – außer natürlich für einen mythologischen Superman wie Herkules.

In der Tat war das Ausmisten der Augiasställe die fünfte Aufgabe des Herkules. An nur einem Tag musste er diese Arbeit bewältigen. Dies erschien unmöglich, doch Herkules wusste sich zu helfen. Zunächst vereinbarte er mit König Augias ein Zehntel von dessen Rinderherde als Lohn für seine Arbeit, dann schritt er zur Tat. Als erstes brach er die Mauern der Ställe auf und leitete das Wasser der Flüsse Alpheios und Peneios hindurch. So wurde der gesamte Mist ins Meer gespült, und die Ställe waren sauber. Anschließend baute Herkules die Mauern wieder auf, wodurch seine Aufgabe erledigt war.

Augias stritt nun jedoch auf einmal ab, Herkules eine Belohnung versprochen zu haben. Doch das Leugnen half nichts, denn Augias' Sohn Pyleus bestätigte die Version des Herkules vor Gericht. Angesichts seiner drohenden juristischen Niederlage ließ der König seinen Sohn und Herkules aus dem Land jagen. Später kehrte letzterer zurück, eroberte Elis und tötete Augias. Derweil rechnete Herkules' Auftraggeber Eurystheus dem Helden das Ausmisten der Ställe nicht als erledigte Aufgabe an, da dieser die Arbeit gegen Lohn ausgeführt hatte. Bereits zuvor hatte Eurystheus das Töten der Hydra durch Herkules nicht anerkannt.

Diese Geschichte macht deutlich, warum der Ausdruck „Augiasstall" heute auch als ein Synonym für einen verdreckten Raum verwendet wird. Im Wirtschaftsleben ist dagegen eher die übertragene Bedeutung dieser Redewendung von Interesse. Florian Gerster ist sicherlich nicht der einzige Manager, der sich am Ausmisten eines Augiasstalls versuchte. Ist ein solcher Versuch erfolgreich, dann kann dies ausgesprochen förderlich für die Karriere sein. Davon profitierte beispielsweise der britische Wertpapierhändler Nick Leeson, der für die ehrwürdige Barings-Bank arbeitete. Leeson wurde 1990 in die Barings-Niederlassung in Hong Kong versetzt, wo er einen buchhalterischen Augiasstall ausmisten sollte. Dies machte er so gründlich, dass ihm bald ein Karrieresprung bevorstand. Nun ging er jedoch wesentlich ungeschickter vor, spekulierte mit großen Summen und häufte gewaltige Verluste an. Am Ende hatte er einen neuen Augiasstall geschaffen. Als dieser publik wurde, war die Barings-Bank pleite.

## 61. Narzissmus

Zu den Gestalten der griechischen Sagenwelt, die sich ein Manager nicht unbedingt zum Vorbild nehmen sollte, gehört der Jüngling Narziss. Der Sohn des Flussgottes Kephissos und einer Nymphe war von außergewöhnlicher Schönheit und fand selbst großen Gefallen an seinem Äußeren. Dies ging so weit, dass Narziss sich mit der Zeit in sein eigenes Spiegelbild verliebte. Als er sich eines Tages wieder einmal an einen See setzte, um seinen gespiegelten Anblick zu betrachten, fiel ein Blatt ins Wasser. Die dadurch entstehenden Wellen trübten das makellose Bild und verleiteten Narziss zu der Einschätzung, er sei auf einmal hässlich geworden. Dies schockierte den schönen Sagenhelden so sehr, dass er vor Schreck starb. Nach seinem Tod verwandelte er sich in eine Blume, die seither „Narzisse" genannt wird.

Zu Narziss' Ehrenrettung sollte man erwähnen, dass dieser nicht aus eigener Schuld zum Bewunderer seiner selbst wurde. Vielmehr war dieser Umstand eine Strafe, die die Göttin Nemesis verhängt hatte. Narziss' Vergehen bestand darin, dass er die Liebe der Nymphe Echo nicht erwidert hatte. Dabei war die Abneigung des vielfach Umworbenen durchaus verständlich, denn Echo war von Zeus derart verhext worden, dass sie nicht mehr in der Lage war, normal zu reden. Stattdessen konnte sie nur noch das nachplappern, was andere sagten (das Echo trägt deshalb heute ihren Namen). Doch Nemesis kannte keine Gnade und veranlasste, dass sich Narziss hoffnungslos in sein eigenes Spiegelbild vernarrte. Mit seinem Tod erfüllte sich eine Weissagung des Sehers Teiresias, der für Narziss nur dann ein langes Leben vorhersah, wenn dieser sich nicht selbst kennen lernte.

Nach Narziss ist heute nicht nur die besagte Narzisse benannt, sondern auch der Narzissmus. Damit bezeichnet man eine Charaktereigenschaft, die sich durch eine Überschätzung der eigenen Bedeutung und dem Wunsch nach Bewunderung auszeichnet. Es dürfte klar sein, dass es neben der Politik und dem Showgeschäft kaum einen anderen Berufsstand gibt, in dem so viele Narzissten unterwegs sind, wie in dem des Unternehmers. Jeder kennt Unternehmer-Typen, die am liebsten sich selbst reden hören und die ständig mit ihren Taten prahlen. Im Vergleich zum mythologischen Vorbild gibt es hierbei jedoch einen wesentlichen Unterschied: Ein narzisstischer Unternehmer ist in der Regel so selbstbewusst, dass er sich nicht von einem ins Wasser fallenden Blatt beeindrucken lässt.

# 62. Achillesferse

Der berühmteste Körperteil der griechischen Mythologie ist zweifellos die Ferse des tapferen Kriegers Achilles. Die sprichwörtliche „Achillesferse", die zu einem Synonym für eine Schwachstelle geworden ist, ist nun wirklich jedem ein Begriff. Welche Bedeutung dieser Ausdruck gerade in der Wirtschaft hat, zeigt ein Blick in die Archive der Wirtschaftspresse. Dort finden sich in den aktuellen Jahrgängen Überschriften wie „Arbeitsmarkt bleibt Bushs Achillesferse" (Handelsblatt), „Heimatmarkt ist Achillesferse der deutschen Industrie" (Handelsblatt), „Vertrieb ist die Achillesferse der Versicherer" (Handelsblatt), „Achillesferse Export" (Wirtschaftswoche), „Familienunternehmen: Nachfolgeregelung als Achillesferse" (Wirtschaftswoche) oder „Die Achillesferse der Fondsanbieter sind Beratung und Vertrieb" (Frankfurter Allgemeine).

Sieht man einmal von seiner Ferse ab, dann hatte Achilles nicht allzu viele Schwächen. Als Sohn des Königs Peleus und der Nymphe Thetis, bei deren Hochzeit der Zankapfel geworfen wurde (über diesen gibt es ein eigenes Kapitel in diesem Buch), wuchs er zum tapferen Krieger heran. Als er für die Griechen am Trojanischen Krieg teilnehmen sollte, wollte seine Mutter dies jedoch verhindern und verkleidete ihn als Mädchen. Doch der selbst als listig bekannte Odysseus durchschaute den Schwindel, woraufhin Achilles seine Bedenken über Bord warf und sich der griechischen Streitmacht anschloss. Schnell bewies er, dass er unter den Belagerern der stärkste, schnellste und engagierteste war. Zahlreiche Trojaner starben durch seine Hand.

Achilles' größte Tat bestand darin, dass er den trojanischen Heerführer und Königssohn Hektor tötete. Dieser hatte bis dahin als bester Mann der Trojaner gegolten. Achilles hatte dabei eine persönliche Rechnung mit Hektor zu begleichen, da dieser zuvor seinen besten Freund Patroklos umgebracht hatte. Bevor Achilles Hektor den tödlichen Stoß versetzte, jagte er ihn dreimal um die Stadt. Anschließend verweigerte er dem Toten die Bestattung (diese war bei den Alten Griechen sehr wichtig) und ließ ihn stattdessen am Grab von Patroklos auf der Erde liegen. Erst auf Bitte seiner Mutter ließ Achilles schließlich das Begräbnis zu.

Achilles war zwar der Sohn einer Göttin, doch da sein Vater ein Mensch war, fehlte ihm die für Götter übliche Unsterblichkeit. Seine Mutter wollte sich damit jedoch nicht abfinden. Sie konnte den Makel der Sterblichkeit immerhin teilweise beheben, indem sie Achilles in den Fluss Styx tauchte. Dadurch wurde der Königssohn unverwundbar. Allerdings hielt die Nymphe ihren Sohn beim Eintauchen an der Ferse fest, wodurch dieser eine Körperteil verletzlich blieb.

Wie nicht anders zu erwarten, wurde Achilles am Ende seine einzige Schwachstelle zum Verhängnis. Paris, der mit seiner Liebesaffäre den Trojanischen Krieg ausgelöst hatte, schoss während der Belagerung einen Pfeil auf den fast unverletzlichen Krieger ab. Der Gott Apollon lenkte das Geschoss direkt in Achilles' Ferse. Daraufhin verblutete dieser. So sorgte die Achilles-Ferse dafür, dass der tapferste Grieche den Triumph seiner Armee gegen Troja nicht mehr miterlebte.

# 63. Drakonische Strafe

Der athenische Staatsmann Drakon fehlt in keinem Übersichtswerk zur Rechtsgeschichte. Im Jahre 621 v. Chr. wurde der damals etwa 30-jährige mit der Aufgabe betraut, sämtliche Gesetze, die bis dahin nur mündlich existierten, schriftlich festzuhalten. Durch dieses Projekt hatten Juristen erstmals die Möglichkeit, auf ein vollständiges geschriebenes Gesetzeswerk zuzugreifen, was deren Arbeit deutlich erleichterte und für mehr Gerechtigkeit sorgte. Auch andere Reformen Drakons waren durchaus im Sinne eines modernen Rechtsstaats. So führte er die juristische Unterscheidung zwischen absichtlicher und unabsichtlicher Tötung ein, und er bereitete den Boden für spezialisierte Gerichte. Selbstjustiz, insbesondere die damals noch recht populäre Blutrache, war Drakon dagegen ein Gräuel.

Drakon war also ein tatkräftiger Mann, der für Rechtssicherheit sorgte und gerechtere Urteile ermöglichte. So gesehen erscheint es durchaus erstaunlich, dass eine „drakonische Strafe" heute für eine besonders harte und unverhältnismäßige Strafe steht. Zwar befürwortete Drakon die Todesstrafe auch für weniger schwere Vergehen. Außerdem gab es in seinen Gesetzen die Regel, dass ein säumiger Schuldner versklavt werden durfte, wenn der Gläubiger einem höheren Stand angehörte (im umgekehrten Fall fiel die Strafe deutlich milder aus). Diese harten Gesetze waren jedoch keine Erfindungen Drakons. Vielmehr handelte es sich dabei um die damals üblichen Vorschriften, die der Athener Rechtsexperte lediglich schriftlich fixiert hatte. Die drakonische Strafe geht also weniger auf die Person des Drakon zurück als vielmehr auf die Epoche, in der er lebte.

Gut 2630 Jahre nach Drakons Reformen ist die Todesstrafe hierzulande zwar längst abgeschafft, doch der athenische Reformer ist redensartlich noch immer präsent. Dies gilt auch für die Wirtschaft. Die Wirtschaftspresse hat sogar zwei legitime

Nachfolger für den Griechen gefunden: Paul S. Sarbanes und Michael Oxley. Die beiden US-Politiker hoben das nach ihnen bekannte Sarbanes-Oxley-Gesetz aus der Taufe, das eine Verbesserung der Transparenz innerhalb von Unternehmen bewirken soll. Diese Vorschrift trat 2002 in Kraft und gilt auch für deutsche Unternehmen, sofern sie an einer US-Börse notiert sind. Anlass für die Schaffung des Sarbanes-Oxley-Gesetzes waren Bilanzskandale wie die der Unternehmen Enron und Worldcom.

Es gibt wohl kein anderes Wirtschaftsthema, das in den letzten Jahren so oft einen Verweis auf Drakon heraufbeschworen hat wie das meist als SOX abgekürzte Gesetz. Kaum eine Wirtschafts-Publikation, die nicht darauf hinwies, dass Managern im Falle eines Verstoßes gegen diese Vorschrift „drakonische Strafen" drohen. Kein Wunder, denn für Unregelmäßigkeiten bei der Bilanzierung sieht Sarbanes-Oxley schnell mehrjährige Haftstrafen vor.

In Deutschland hielt sich der Gesetzgeber im Vergleich zu den USA merklich zurück. Zwar gibt es hierzulande mit dem KonTraG (Gesetz zur Kontrolle und Transparenz im Unternehmensbereich) ein Sarbanes-Oxley-Gegenstück. Es wurde vor allem als Reaktion auf verschiedene Skandale während des Dotcom-Hypes ins Leben gerufen und existiert dadurch sogar schon länger als SOX. Die im KonTraG vorgesehenen Strafen fallen jedoch alles andere als drakonisch aus.

# 64. Titan

Was in der Bibel das Buch Genesis, ist in der griechischen Mythologie die Theogonie. Es handelt sich dabei um einen sehr alten Bericht, der den Anfang von Himmel und Erde beschreibt. Gemäß der Theogonie stand das Chaos am Anfang von allem, dann entstanden unter anderem die Liebe, das Totenreich und Gaia (die Erde). Gaia gebar ohne einen Gatten den Uranus (Himmel), mit dem sie später eine ganze Reihe von Kindern hatte. Zwölf davon wurden Titanen genannt. Die anderen waren einäugige Riesen, die als Zyklopen bezeichnet wurden.

In zweiter Generation gab es einige weitere Titanen, sodass eine ganze Sippe entstand. Die bekanntesten Mitglieder waren Atlas, Epimetheus (Ehemann der Pandora) und Prometheus (dieser stahl den Göttern das Feuer). Ein weiterer Titan, Kronos, wurde zum Herrscher der Welt, musste sich jedoch seinem Rivalen Zeus geschlagen geben. Nach dieser Niederlage kam es zum Krieg zwischen den Titanen und den zwölf Göttern auf dem Olymp (Titanomachie), bei dem die Zyklopen auf der Seite von Zeus kämpften. Von ihren Brüdern verraten, mussten sich die Titanen am Ende geschlagen geben. Sie wurden dadurch zu den ersten großen Verlierern der griechischen Mythologie.

Obwohl den Titanen ein Verlierer-Image anhaftet, haben sie bis heute einen erstaunlich guten Ruf. So bezeichnen wir als „Titan“ einen großen, kraftvollen Menschen – auch in der Wirtschaft ist dies ein positiv besetzter Begriff. Zudem wurde der frühere Fußball-Nationaltorhüter Oliver Kahn oft „Titan“ genannt, auch weil sich sein Nachname so schön darauf reimt. Daneben gibt es ein Metall namens Titan. Der Name passt, denn es handelt sich um ein äußerst widerstandsfähiges Material. Nicht zuletzt ist auch der größte Mond des Planeten Saturn nach den Titanen benannt. 2005 landete dort eine Raumsonde und sendete faszinierende Bilder zur Erde.

Bekanntlich wurde auch eines der größten und luxuriösesten Kreuzfahrtschiffe aller Zeiten nach den Titanen benannt. Leider erwies sich die „Titanic“ als wenig titanisch und sank im Jahr 1912 bereits auf der Jungfernfahrt. Das Image alles Titanischen war damit erst einmal ramponiert. Die beiden Schwesterschiffe der Titanic hießen übrigens „Gigantic“ und „Olympic“. Die damaligen Schiffsbauer kannten sich also offensichtlich in der griechischen Sagenwelt aus.

*Die Titanen kämpften gegen die olympischen Götter. Durch einen Verrat mussten sie sich geschlagen geben.*

# Smalltalk

## 65. Lateinische Zitate

Es gibt lateinische Zitate, die sind äußerst praktisch. „Caveat emptor" („Der Kunde möge sich vorsehen") gehört dazu. Die beiden Wörter könnte man auch mit „Benutzung auf eigene Gefahr" übersetzen. Ein Manager kann diesen Ausdruck verwenden, um die Schwächen des Produkts, das er verkauft, herunterzuspielen.

Ein Manager sollte noch weitere lateinische Sprüche kennen. „Carpe diem" („Nutze den Tag!") könnte beispielsweise Ihr allmorgendliches Motto sein, um so „per aspera ad astra" („über mühevolle Wege zu den Sternen") zu gelangen. Lassen Sie sich im Zweifelsfalle nicht zu lange Zeit mit einer Entscheidung, denn oft gilt „periculum in mora" („Gefahr im Verzug"). Ihre Arbeit sollten Sie am besten „fortiter in re, suaviter in modo" erledigen, also „hart in der Sache, sanft in der Art". Bedenken Sie dabei immer, dass eine Hand die andere wäscht („manus manum lavat") und dass gilt: „Do ut des" („Gib, dann wird dir gegeben!"). Um unbedeutende Bagatellen sollten Sie sich allerdings nicht kümmern, denn schließlich gilt: „Aquila non captat muscam" („Ein Adler fängt keine Mücken").

Wenn Sie Personalverantwortung haben, dann ist „divide et impera" („teile und herrsche") oft eine gute Strategie. Manchmal ist gegenüber Ihren Mitarbeitern die Feststellung „Si tacuisses, philosophus mansisses" („wenn du geschwiegen hättest, dann wärest du Philosoph geblieben") angebracht, was sich viel schöner anhört als das bedeutungsgleiche „Du hättest besser die Klappe gehalten." Apropos Klappe: Ist einer ihrer Kollegen für ein großes Mundwerk bekannt, dann wird irgendwann der Tag kommen, an dem er seinen Ankündigungen Taten folgen lassen muss. Der passende Spruch dazu lautet: „Hic Rhodos, hic salta“ („Hier ist Rhodos, hier springe!“). Dieses Zitat stammt aus einer Geschichte des griechischen Fabeldichters Äsop, in der ein Fünfkämpfer seine Mitmenschen mit der Behauptung nervt, er sei einst in Rhodos besonders weit gesprungen.

Wenn einmal etwas schief geht, dann spendet folgendes Zitat Trost: „Ut desint vires tamen est laudanda voluntas“ („Wenn auch die Kräfte fehlen, so ist dennoch der gute Wille zu loben“). Ohnehin sollten Sie niemanden überfordern, denn es gilt „ultra posse nemo obligatur“ („Niemand muss mehr tun als er kann“). Trotzdem kann auch manchmal Kritik angebracht sein, wenn die Leistung eines Mitarbeiters „sub omnium catapultum“ („unter aller Kanone“) war. Sie sollten jedoch wissen, dass letzterer Ausdruck nicht aus dem Altertum, sondern aus der Gegenwart stammt. Sollten Ihre Mitarbeiter angesichts solcher Sprüche die Schnauze voll von Ihnen haben, dann kann Ihnen das egal sein: „Oderint dum metuant“ („Sollen sie mich doch hassen, wenn sie mich nur fürchten“).

Falls Sie angesichts der Schlechtigkeit der Wirtschaftswelt zwischendurch in eine depressive Phase geraten, dann ist „Auri sacra fames“ („Verfluchter Hunger nach Gold“) ein angemessener Spruch. „O tempora, o mores“ („Oh Zeiten, oh Sitten“) erfüllt einen ähnlichen Zweck. Dabei können Sie sich stets damit trösten, dass auch schon die Alten Römer wussten: „Nemo ante mortem beatus” (“Niemand ist vor seinem Tod glücklich”).

# 66. Römische Zahlen

Manche Menschen bewundern die Alten Römer für ihre Kultur und andere schätzen ihre Baukunst. Mathematiker dagegen finden eine andere Fähigkeit der Römer bemerkenswert: Sie schafften es, ein florierendes, internationales Handelsnetz zu betreiben, ohne das heute übliche Zahlensystem zu kennen.

Bekanntlich zählten die Römer I, II, III, IV usw., während heute jedes Kind 1, 3, 3, 4, ... in der Schule lernt. Was für einen Unterschied dies macht, sehen Sie, wenn Sie versuchen eine Multiplikation wie XII × XXXIV auszurechnen, ohne die heute üblichen Ziffern zu Hilfe zu nehmen. Dies erscheint nahezu unmöglich, zumal die Römer nicht einmal die Null kannten – von negativen Zahlen und Brüchen ganz zu schweigen. Mit einem derart schlechten Zahlensystem ist es schon eine Herausforderung, den Gesamtwert der Münzen in einer Geldbörse zu ermitteln.

Angesichts dieses Handicaps ist es kein Wunder, dass die Römer während der etwa 500 Jahre, die ihr Reich bestand, keinen einzigen bedeutenden Mathematiker hervorbrachten. Dagegen hatte die Mathematik bei den Griechen schon lange vor dem römischen Weltreich eine große Blüte erlebt. Man denke nur an den berühmten Satz des Pythagoras oder den Satz des Thales. Allerdings kannten die griechischen Mathematiker ein deutlich zweckmäßigeres Zahlensystem als die Römer (die Null war ihnen jedoch noch nicht bekannt, und die Eins betrachteten sie nicht als Zahl). Dass die römischen Geschäftsleute mit ihren umständlichen Buchstaben-Zahlen überhaupt etwas Nennenswertes ausrechnen konnten, lag vermutlich daran, dass sie den Umgang mit dem Abakus (Rechenbrett) meisterhaft beherrschten. Ein Abakus gehörte damals zur Grundausstattung jedes kaufmännischen Betriebs.

Im heutigen Wirtschaftsleben kommen römische Zahlen fast nur noch zu Gliederungszwecken zum Einsatz. Wenn beispielsweise Tagesordnungspunkte mit I, II, III und IV durchnummeriert werden, dann suggeriert das zweifellos eine gewisse Wichtigkeit. Auch die vier Quartale eines Jahres werden aus diesem Grund oft mit I, II, III und IV bezeichnet. Als Jahreszahl erfüllt eine römische Zahl zwar einen ähnlichen Zweck, doch wer kann sich schon ohne Nachzudenken unter MCMXCVIII etwas vorstellen? Zum Glück haben wir es seit der Jahrtausendwende etwas einfacher, da nun wieder kürzere Zahlen – etwa MMX – anstehen. Nicht zu vergessen ist schließlich der dekorative Zweck, den römische Zahlen erfüllen – auf dem Zifferblatt mancher Uhren.

Daneben eignen sich römische Zahlen natürlich auch hervorragend für Denksportaufgaben in langweiligen Besprechungen. Wussten Sie beispielsweise, dass 7 die Hälfte von 12 ist? Wenn Sie die Zahl XII waagerecht in zwei Hälften teilen, erkennen Sie des Rätsels Lösung. Und haben Sie schon einmal versucht, einen Firmennamen als römische Zahl zu lesen, indem Sie alle unpassenden Buchstaben weglassen? Beim Haufe-Verlag kommt z.B. mit dem A eine römische Ziffer im Namen vor (das A wird selten verwendet, kann aber für die Zahl 5.000 stehen). Das A ist das größte römische Zahlzeichen. Das Zahlenorakel billigt dem Haufe-Verlag also Größe und Seltenheit zu, was für ein Unternehmen zweifellos zwei sehr positive Attribute sind. Und wie sieht es bei Ihrem Arbeitgeber aus?

## 67. Vor den Lohn haben die Götter den Schweiß gesetzt

Als im vierten Jahrhundert das Christentum im Römischen Reich zur Staatsreligion bestimmt wurde, war das Schicksal der bis dahin praktizierten Vielgötterei besiegelt. Jesus von Nazareth erwies sich im Vergleich zu Jupiter und Co. als deutlich attraktiver, und so wurden aus den einst verehrten Gottheiten schnell heidnische Götzen, die es zu bekämpfen galt. Selbst die Olympischen Spiele wurden nun – nach einer über tausendjährigen Geschichte – abgeschafft, da es sich dabei um eine Veranstaltung mit religiösem Hintergrund handelte.

Mit dem heute in den großen Religionen verbreiteten Gottesverständnis hatte die römische Götterwelt, die sich mit der griechischen vermischt hatte, recht wenig zu tun. Glauben die meisten Menschen heute an einen Gott (Monotheismus), so traten sich in der griechisch-römischen Religion zahlreiche Götter mit unterschiedlichen Aufgabengebieten gegenseitig auf die Füße (Polytheismus). Die wichtigsten davon waren die zwölf auf dem Olymp beheimateten Gottheiten, die in Zeus ihren Anführer hatten.

Zwar waren die Götter der Griechen und Römer übernatürliche Wesen mit außergewöhnlichen Fähigkeiten, doch sie hatten durchaus auch menschliche Eigenschaften. So zeigten sie charakterliche Schwächen, machten Fehler und schreckten nicht davor zurück, sich gegenseitig zu bekriegen. Menschen konnten sich durchaus mit Göttern anlegen, auch wenn sie dabei am Ende meist den Kürzeren zogen.

Längst sind nicht nur zahlreiche Vertreter der griechischen Götterwelt in unseren Sprachschatz eingegangen, sondern auch die Götter in ihrer Gesamtheit. Besonders nützlich ist zweifellos das Sprichwort „Vor den Lohn haben die Götter den Schweiß gesetzt". Als Manager können Sie den Wahrheitsgehalt dieser Worte vermutlich nur zu gut bestätigen. Hilfreich ist auch der Ausspruch „Das wissen die Götter!" im Sinne von: „Der Grund für diese Sache ist völlig unklar!"

Auch die Marketing-Branche hat die griechischen Götter entdeckt, und so entstand der Werbespruch „Wo die Götter Urlaub machen", mit dem Touristen auf die Insel Zypern gelockt werden sollen. Von einem gewissen Insider-Know-how zeugt immerhin der Begriff „Halbgott in Weiß", den sich so mancher Arzt anheften lassen muss. In der Tat gibt es in der griechischen Sage Halbgötter, die je zur Hälfte von einem Menschen und einem Gott abstammen. Immerhin bedeutet dies, dass der Volksmund die Mediziner nicht für vollkommene Götter hält, sondern ihnen noch eine menschliche Hälfte zubilligt.

Nicht auf die griechische Sage geht dagegen das Zitat „Die Götter müssen verrückt sein" zurück. Dabei handelt es sich vielmehr um den Titel eines Films, der im Afrika der Gegenwart spielt und sich damit auf eine ganz andere Götterwelt bezieht (im Mittelpunkt des Films steht eine aus dem Cockpitfenster eines Flugzeugs abgeworfene Cola-Flasche, die von den Eingeborenen als göttliches Geschenk betrachtet wird). Gäbe es den Ausspruch „Die Götter müssen verrückt sein" nicht schon, dann müsste man ihn für die griechischen Götter glatt erfinden. Denn ein gewisses Maß an Verrücktheit kann man Zeus und seinen Kollegen nicht absprechen.

# 68. Atlas

Der Titan Atlas ist zweifellos eine der bekanntesten Figuren der griechischen Mythologie. Zu den intelligentesten Sagenhelden gehörte er allerdings nicht. Dabei hatte Atlas eine wichtige Aufgabe: Er trug das Himmelsgewölbe auf seinen Schultern. Diese Tätigkeit erledigte Atlas allerdings nicht ganz freiwillig, vielmehr handelte es sich um eine Strafe der olympischen Götter für seine Teilnahme am Titanenkampf (näheres dazu gibt es im Kapitel über die Titanen).

Seinen bedeutendsten Auftritt hatte Atlas, als er sich von Herkules einspannen ließ. Dieser musste als eine seiner zwölf Aufgaben die goldenen Äpfel der Hesperiden – dies waren die Töchter des Atlas – pflücken. Herakles bat Atlas, ihm diese Äpfel über dessen verwandtschaftliche Beziehungen zu besorgen, und bot ihm an, in der Zwischenzeit das Tragen des Himmelsgewölbes zu übernehmen. Atlas nahm das Angebot an und holte die Äpfel. Verständlicherweise hatte der Titan jedoch anschließend keine Lust mehr, seine alte Strafarbeit wieder aufzunehmen. Da griff Herkules zu einer List. Er bat Atlas, nur ganz kurz noch einmal als Gewölbeträger einzuspringen, damit er ein Steinchen aus seiner Sandale entfernen konnte. Der naive Atlas kam dieser Bitte nach und Herkules stahl sich davon. Bis in alle Ewigkeit musste Atlas nun seine schwere Aufgabe fortführen.

Wie aus dem Namen eines naiven Titanen die Bezeichnung für einen Atlas (Landkartenbuch) wurde, ist eine komplizierte Geschichte. Sie begann, als der Kartograf Gerhard Mercator im 16. Jahrhundert eine Landkarten-Sammlung mit dem Namen „Atlas sive Cosmographicae Meditationes de Fabrica Mundi et Fabrica Figura" veröffentlichte. Auf Deutsch bedeutet das „Atlas oder kosmographische Meditationen über die Schöpfung der Welt und die Form der Schöpfung". Auf dem Titelbild dieses

Werks war eine Person mit einer Erdkugel abgebildet. Diese hielt man lange Zeit für den besagten Atlas, der – angepasst an das damals neue Weltbild – nun nicht mehr das Himmelsgewölbe, sondern die Erde in den Händen trug. Erst Ende des 20. Jahrhunderts fanden Historiker heraus, dass Mercator mit seiner Darstellung nicht den Titanen Atlas, sondern einen gleichnamigen (und weniger bekannten) König aus der Antike gemeint hatte. Unabhängig davon heißen Landkartenbücher seit Mercators Veröffentlichung Atlas. Inzwischen hat sich dieser Name auch auf andere Nachschlagewerke (meist solche mit vielen Bildern) übertragen – man denke etwa an einen Gourmet-Atlas oder Bildatlas.

Überaus beliebt ist Atlas zudem als Namenspate in der Wirtschaft. Beispiele sind der Marinetechnik-Hersteller Atlas Elektronik oder der Reiseveranstalter Atlas Reisen. In Schweden gibt es einen Konzern namens Atlas Copco, der vor allem im Maschinen- und Anlagenbau aktiv ist. Bekannt ist zudem der deutsche Baumaschinenhersteller ATLAS Weyhausen mit Sitz im niedersächsischen Wildeshausen, dessen Schriftzug auf vielen Baustellen zu sehen ist. Darüber hinaus sind gleich mehrere Computer-Programme nach dem Titanen benannt, darunter die Zollsoftware ATLAS. Ob die Marketing-Leute der jeweiligen Firmen wissen, dass ihr Namensgeber sehr naiv war?

# 69. Januskopf

Der römische Gott Janus hatte im Gegensatz zu vielen seiner Kollegen in der griechischen Mythologie keinen Gegenpart. Er spielte daher als Sagengestalt keine große Rolle und war somit ein Gott ohne Hintergrundgeschichte. Dennoch gibt es kaum ein anderes Fabelwesen, das sich auf so vielfältige Art als Symbol nutzen lässt, wie Janus. Dies liegt einerseits an dessen Zuständigkeitsbereich: Janus galt als Gott des Anfangs und des Endes, der Eingänge und Ausgänge sowie der Türen und Tore. Er hatte also einen wahrlich vielfältigen Wirkungsbereich. Symbolträchtig war auch das Aussehen des in Rom einst sehr beliebten Gottes: Janus hatte zwei Gesichter – eines blickte nach hinten, das andere nach vorne. Manchmal wurde er als Wächter dargestellt, der durch sein Doppelgesicht einen besonders guten Überblick hatte. Außerdem galt Janus wegen seiner beiden Blickrichtungen als Mittler zwischen den Menschen und den Göttern.

Dank der erwähnten Eigenschaften hat es Janus zu zahlreichen Patenschaften für Dinge aus dem täglichen Leben gebracht. So bezeichnet man eine Sache heute redensartlich als „janusköpfig“, wenn sie einen zwiespältigen Charakter hat. Ein Januskopf oder ein Janusgesicht ist also bildlich mit einem zweischneidigen Schwert vergleichbar. Ein Mensch gilt als janusköpfig, wenn er im übertragenen Sinn zwei Gesichter hat: ein gutes und ein schlechtes. Eine ähnliche Bedeutung hat ein „Januswort“ (auch als Antagonym bezeichnet). Ein solches hat zwei gegensätzliche Bedeutungen. Ein Beispiel dafür ist „unbeschreiblich“, das sowohl für „unbeschreiblich gut“ als auch für „unbeschreiblich schlecht“ stehen kann.

Darüber hinaus muss Janus mit seinen zwei entgegengesetzten Gesichtern oft als Symbol für eine Vermittlerrolle herhalten. Dies ist vor allem in der Computer-Branche eine beliebte Verwendungsweise. Sie soll meist zum Ausdruck bringen, dass ein System von zwei Seiten aus auf die jeweils übliche Art ansprechbar ist, ohne dass es zu Verständigungsschwierigkeiten kommt. So gibt es mehrere Computer-Programme und eine Programmiersprache, die nach dem römischen Gott benannt sind. Insbesondere trägt ein von der Firma Microsoft entwickeltes System für die Zugriffskontrolle auf Daten (Digital Rights Management) den Code-Namen Janus. Da das Digital Rights Management allgemein als zweischneidige Sache gilt, hat die Anspielung auf Janus eine sicherlich unbeabsichtigte Doppelbedeutung.

Dass Janus auch für den Anfang einer Sache stehen kann, zeigt sich am Monat Januar. Dieser ist nach dem römischen Gott benannt, weil er den Jahresanfang bildet. Ein ganz anderer Namensvetter ist der legendäre Kleinwagen Zündapp Janus, der in den fünfziger Jahren gebaut wurde. Warum dieses Mini-Auto Janus heißt, ist auf den ersten Blick zu erkennen: Es hat je eine Tür an der Vorder- und Rückseite der Karosserie (an den Seiten gibt es dagegen keine Türen). Wer hinten sitzt, muss entgegen der Fahrtrichtung Platz nehmen. Dadurch entsteht nicht nur eine an den Gott Janus erinnernde Gesichter-Konstellation, sondern das Mitfahren wird auch zu einem janusköpfigen – also zwiespältigen – Erlebnis.

# 70. Humanistennamen

Kennen Sie einen Herrn Faber? Oder eine Frau Molitor? Oder jemanden, der mit Nachnamen Prätorius heißt? Wenn ja, dann ist Ihnen vielleicht schon einmal aufgefallen, dass es sich dabei um Träger lateinischer Namen handelt. „Faber“ heißt „Schmied“, „molitor“ bedeutet „Müller“, und „praetorius“ ist der lateinische Ausdruck für einen Feldherrn oder Stadtvorsteher. Diese Namen sind natürlich kein Überbleibsel aus der Römerzeit, denn diese war schon längst zu Ende, als im ausgehenden Mittelalter die heutigen Familiennamen entstanden. Vielmehr handelt es sich bei den besagten lateinischen Nachnamen um ein Erbe des Humanismus, der im 15. und 16. Jahrhundert seine Blüte erlebte. Damals übertrugen viele Gelehrte ihre Namen ins Lateinische, das seinerzeit noch als Schriftsprache diente. Diese Übertragung hatte insbesondere den Vorteil, dass sich ein Name dadurch lateinisch deklinieren ließ. So wurde aus einem Herrn Schmidt ein Herr Faber oder aus einer Familie Schulz eine Familie Praetorius („Schulz“ ist ein alter Ausdruck für den Bürgermeister). Einige der Namensträger behielten die lateinischen Bezeichnungen bei und vererbten sie bis in die Gegenwart. Die entsprechenden Namen bezeichnet man heute als Humanistennamen. Weitere Beispiele dafür sind Martius (März bzw. Merz), Piscator (Fischer), Major (Maier, Meyer,...), Mercator (Kaufmann bzw. Krämer), Textor (Weber) und Agricola (Bauer).

Deutlich häufiger als komplett lateinische Humanistennamen sind solche mit lateinischen Endungen. Viele gebildete Menschen hingen zur Zeit des Humanismus ein -ius oder -us an ihren Namen und hießen fortan Debelius oder Zillus. Andere latinisierten eine vorhandene deutsche Endung, wodurch Namen wie Wilhelmi (aus Wilhelms bzw. Willemsen) oder Jacobi (aus Jakobs bzw. Jakobsen) entstanden. Ein Vorfahre des ehemaligen Metro-Chefs Erwin Conradi (*1935) dürfte eine ähnliche Umbenennung vorgenommen haben. Gleiches gilt für den Komponisten Felix Mendelssohn Bartholdy (1809-1847). Das „i“ am Ende eines lateinischen Namens bedeutet hierbei „Sohn von“, was auch für das deutsche „s“ oder „sen“ am Namensende gilt.

Davon abgesehen stammen die meisten bekannten Träger von Humanistennamen aus der Zeit des Humanismus. Man denke etwa an den französischen Arzt und Astrologen Nostradamus (eigentlich Michel de Notredame), den Staatsmann Thomas Morus (Thomas More) oder den Kartografen Gerhard Mercator (Gerard De Kremer). Deren Zeitgenosse Philipp Melanchton, der ursprünglich Philipp Schwartzerdt hieß, ist einer der wenigen Träger eines griechischen Humanistennamens.

Schaut man sich in Wirtschaftswelt der heutigen Zeit nach Humanistennamen um, dann fällt als erstes meist die Bleistift-Dynastie Faber-Castell auf. Diese wurde 1761 von einem Kaspar Faber gegründet. Der Schweizer Börsenguru Marc Faber trägt denselben Humanistennamen. Darüber hinaus gibt es die erfolgreiche Werbeagentur Springer & Jacoby, zu deren Gründern der Werbefachmann Konstantin Jacoby zählte. Mit diesem Wissen gerüstet werden Sie beim Smalltalk mit Herrn Prätorius oder Frau Molitor ab jetzt immer ein niveauvolles Thema finden.

# 71. Geografische Namen

Paris, der Sohn des trojanischen Königs Priamos, ist in der griechischen Mythologie eine wichtige Figur. Als Kind wurde Paris ausgesetzt, dann jedoch von einer Wölfin gesäugt und von Hirten aufgezogen. Später fiel ihm unverhofft die Aufgabe zu, aus den drei Göttinnen Hera, Athene und Aphrodite die schönste auszuwählen, nachdem deren Kollegin Eris (Göttin der Zwietracht) den Zankapfel unter diese geworfen hatte. Paris entschied sich für Aphrodite (Paris-Urteil), was einigen Ärger nach sich zog. Später beteiligte sich Paris am Trojanischen Krieg, wo er zwar nicht gerade durch seinen Heldenmut, dafür jedoch durch seine Fähigkeiten als Bogenschütze auffiel. Einer seiner Pfeile traf Achilles in die Ferse – dessen einzige verwundbare Stelle – und tötete diesen. Am Ende wurde jedoch auch Paris selbst durch einen Pfeil tödlich verwundet.

Eine nahe liegende Frage bleibt angesichts dieser Geschichte jedoch offen: Was hat der Sagenheld Paris mit der gleichnamigen Hauptstadt Frankreichs zu tun? Antwort: nichts. Die Stadt Paris ist nämlich nicht nach der mythologischen Figur dieses Namens benannt, sondern nach dem keltischen Stamm der Parisier. Diese siedelten in der Antike in der Region an der Seine, und schon zu Julius Cäsars Zeiten hieß die Stadt Lutetia Parisiorum.

Anders als im Falle von Paris sind einige andere geografische Bezeichnungen durchaus nach griechischen Sagengestalten benannt. Am bekanntesten ist der Kontinent Europa, der seine Bezeichnung einst von der gleichnamigen mythologischen Königstochter bezog. Europa war so attraktiv, dass Zeus sie für einen Seitensprung entführte. Für dieses Vorhaben verwandelte sich der Göttervater sogar vorübergehend in einen Stier und schwamm mit der Angebeteten auf dem Rücken durch das Meer. Drei Kinder gingen aus dieser Affäre hervor.

Ebenfalls nach einer griechischen Sagengestalt benannt ist die US-Millionenstadt Phoenix in Arizona. Der an anderer Stelle in diesem Buch behandelte Vogel Phönix hat die Eigenschaft, immer wieder neu geboren zu werden, was ihn als Namenspaten besonders attraktiv macht. Einen altgriechischen Namen trägt auch eine andere Großstadt in den USA: Philadelphia im Bundesstaat Pennsylvania. Die deutsche Entsprechung dieses Begriffs ist „Bruderliebe", was den Verhältnissen in dieser Metropole, die mit einer hohen Kriminalitätsrate zu kämpfen hat, sicherlich nicht immer gerecht wird. Ein Ortsteil der Stadt Storkow in Brandenburg heißt ebenfalls Philadelphia. Nach der Heimat des Sagenhelden Odysseus ist eine weitere Stadt in den Vereinigten Staaten benannt: Ithaca im Staat New York.

Auch lateinische Ortsnamen kommen vor. Man denke etwa an die Hafenstadt Corpus Christi („Leib Christi") im US-Bundesstaat Texas, deren Bezeichnung aus dem Kirchenlatein stammt. In Deutschland ist vor allem die Stadt Porta Westfalica („Tor Westfalens") bei Bielefeld zu nennen. Deren extravaganter Name ist jedoch erst 1973 entstanden, als mehrere Gemeinden aus der Region zu einer Stadt zusammengelegt wurden. Bis dahin war „Porta Westfalica" nur eine Bezeichnung für die dortige Gegend.

# 72. Markennamen

Der Nachname des Ingenieurs August Horch (1868-1951) lautet auf Lateinisch übersetzt „Audi“. Es handelt sich dabei um die Befehlsform des Verbs „audire“, das „hören“ oder „horchen“ bedeutet. Als Horch 1910 seine Firma, die bis dahin seinen Namen trug, aus rechtlichen Gründen umbenennen musste, erinnerte er sich an seine Lateinkenntnisse, und die Automarke Audi war geboren. Bekanntlich gibt es diese bis heute.

Auch andere Geschäftsleute bemerkten schon früh, dass lateinische Markenbezeichnungen einen edlen Klang haben. So entstanden Namen wie Volvo („ich drehe“), Duplo („doppelt“), Nivea („schneeweiß“), Alba („rein“), Lux („Licht“) oder Electrolux („elektrisches Licht“). Andere Namen gerieten dagegen eher zufällig lateinisch, beispielsweise Lego („ich lege“, eigentlich eine dänische Abkürzung) oder Fiat („es werde“, eigentlich eine italienische Abkürzung).

Natürlich klingen lateinische Namen auch heute noch edel und gebildet. Darüber hinaus gibt es jedoch einen weiteren Grund, warum Marketing-Manager seit einigen Jahren gerne auf die angeblich tote Sprache zurückgreifen: Lateinische Ausdrücke sind international verwendbar, da sie in den meisten gängigen Sprachen gut klingen und einfach auszusprechen sind. Die zunehmende Globalisierung hat uns daher eine wahre Schwemme lateinisch klingender Namen beschert. Oft handelt es sich dabei zwar um Kunstwörter wie Aventis, Altana oder Novartis, in denen eine Bedeutung allenfalls noch bruchstückhaft erkennbar ist. Eine Zuordnung zur lateinischen Sprache ist aber nach wie vor möglich.

Die Spezialisten in Sachen lateinischer Markennamen sind zweifellos die Automobilhersteller. So brachte Opel die Modelle Vectra, Tigra, Signum, Calibra und Corsa auf den Markt. Ford versuchte es mit den Produkten Scorpio, Focus, Transit und Consul, während Chrsyler den Nova ins Rennen schickte. Lupo, Fox und Bora werden von Volkswagen hergestellt. Interessanterweise holten sich gerade die japanische Anbieter zahlreiche Namen aus der lateinischen Sprache: Toyota produziert die Modelle Avensis, Corolla und Lexus. Von Nissan gibt es den Serena, den Maxima, den Primera und den Micra.

In den seltensten Fällen geben die Hersteller einen konkreten Grund für den Namen an – es geht meist einfach nur um den guten Klang. Und ist dieser einmal nicht lateinisch, dann ist meistens ein spanischer (Ford Fiesta, Seat Toledo) oder italienischer (Fiat Bambino) Ursprung erkennbar, wobei diese beiden Sprachen eng mit dem Lateinischen verwandt sind. Die einzige Sprache, die dem Latein marketingtechnisch das Wasser reichen kann, ist Englisch. Im Falle von Autos sind englische Bezeichnungen (etwa Subaru Legacy, Isuzu Trooper) jedoch in der Minderheit.

Griechische Markennamen gibt es übrigens auch: XEROX („trocken“, bezieht sich auf ein Kopierverfahren), Ajax (Sagengestalt), Philadelphia („Bruderliebe“), Castor (Sagengestalt) und Nike (Siesgöttin) sind Beispiele dafür. Bereits vor dem Zweiten Weltkrieg gab es eine Verschlüsselungsmaschine namens „Enigma“ (Rätsel). Der Elektronikkonzern Infineon entschied sich indessen für eine Mischform: „infinitum“ ist lateinisch, „eon“ ist griechisch. Beides bedeutet dasselbe: „Unendlichkeit“.

# 73. Castor-Transport

Was haben ein Tempo-Taschentuch, ein Fön, eine Thermoskanne und ein Castor-Behälter gemeinsam? Genau, es handelt sich dabei um so genannte Begriffsmonopole. Anders ausgedrückt: Die Begriffe Tempo, Fön und Thermoskanne sind geschützte Markennamen, die jedoch umgangssprachlich allgemein für ein Papiertaschentuch, einen Haartrockner oder eine Wärmehaltekanne verwendet werden. Ähnlich verhält es sich mit dem Castor-Behälter: Der Name Castor ist von der Essener Firma GNS geschützt, wird jedoch längst als Synonym für einen Brennelementbehälter gebraucht. Wer im Smalltalk glänzen will, kann darauf hinweisen, dass bei den berühmt-berüchtigten Castor-Transporten streng genommen nicht nur Castoren, sondern auch Behälter anderer Hersteller transportiert werden.

„Castor“ ist zwar eine Abkürzung für „cask for storage and transport of radioactive material“, was etwa „Behälter für die Lagerung und den Transport radioaktiven Materials“ bedeutet. Der Name ist allerdings an den griechischen Sagenheld Kastor angelehnt. Dieser hatte zwar mit Radioaktivität nicht viel am Hut, ist jedoch dennoch ein geeigneter Namenspate, da er mehrere heikle Missionen erfolgreich durchführte. So beteiligte sich Kastor zusammen mit seinem Bruder Polydeukes an der Reise der Argonauten sowie an der Jagd auf einen Eber, der die Felder von Kalydonien verwüstete (kalydonischer Eber). Obwohl Kastor den meisten Quellen nach kein Gott und damit auch nicht unsterblich war, galt er zusammen mit Polydeukes als gottähnlicher Beschützer der Seeleute. So gesehen hat sich Kastor seinen Status als Namensgeber für einen Behälter zum Transport radioaktiven Materials redlich verdient, auch wenn er auf seiner letzten Mission von einem Speer tödlich getroffen wurde. Sein Bruder Polydeukes bat Zeus jedoch, Kastor wenigsten teilweise die Unsterblichkeit zu verleihen, die Polydeukes bereits besaß. Zeus lenkte ein, und so konnten sich die beiden

Brüder fortan das Totsein teilen. Dazu hielt sich stets einer der beiden im Hades (Reich der Verstorbenen) auf, während sich der andere auf dem Olymp (Sitz der Götter) tummeln konnte, wobei regelmäßig abgewechselt wurde.

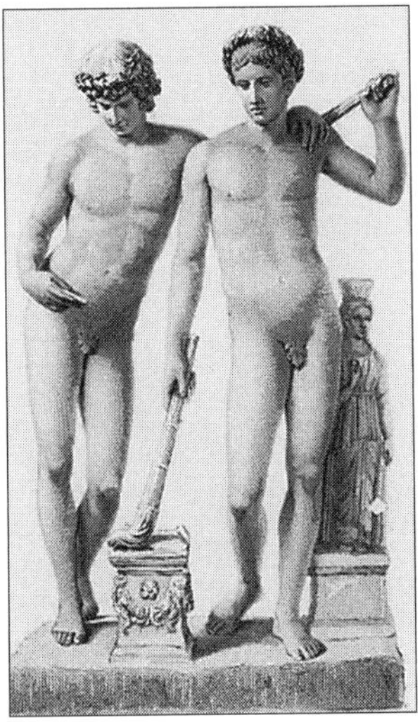

*Der Sagenheld Castor*

# Index